お客様を迷わせず
「売りたい商品」が
ラクラク売れる

これが「ダンドリ販売術」!

TORU HADA
羽田徹

同文舘出版

本書のお役立ち度「販売員チェック」

下記の質問に Yes・No で答えてください。

- ☐ 接客しても買わないお客様がいると落ち込む
- ☐ お客様に声をかけるのが怖い、ためらう
- ☐ お客様との会話が弾むのに、販売につながらないことがある
- ☐ 売りたい商品や売れ筋の商品がないと売り上げが落ちる
- ☐ 気分によって販売成績に浮き沈みができる
- ☐ 商品知識は持っているのにお客様に伝わらないことがある
- ☐ お客様のニーズはできる限り聞くようにしている
- ☐ お客様には礼儀正しく接することができている
- ☐ お客様からのクレームが怖い
- ☐ 高い商品は売りにくいと思う
- ☐ 手強いお客様に販売できるとうれしくなる
- ☐ 買い物をするのが大好きだ

Yes の数が……

0 ～2 個
この本を読んでもためにならないか、必要ありません

3 ～5 個
販売に対して持っているモヤモヤが晴れるかも！

6 ～8 個
ちょっと悩んでいませんか？ この本が解決してくれるかも！

9 ～11 個
大きな壁にぶつかっていますね？ 今すぐ読んでみましょう！

12 個
あなたのためにあるような内容です。迷わず読んでみましょう！

はじめに

本書を手に取ってくださってありがとうございます。

冒頭の「販売員チェック」には答えていただけましたか？

「Yesがたくさんだから、販売員に向いていない」なんて思わないでください。

実は、Yesが多いほど、販売に対して強い気持ちを持っているのです。

何も考えずに仕事をしている人は、何も疑問を持ちません。

私が本書を書こうと思ったのは、私自身が仕事で大いに悩み、苦しみ、もがきながらも、あきらめずに、その状況から抜け出そうと必死になった経験があるからです。皆さんも少なからず、販売で悩み、何かを解決したいと思って、本書を手に取ってくださったはずです。


私は、小さな頃から憧れだったラジオDJとして10年近く、大阪、名古屋、東京のラジオ局で番組を担当してきました。

しかし、30歳という節目の年に、ラジオDJとしての挫折を味わい、苦渋の決断でラジオDJの道に見切りをつけ、一般の上場会社に営業職として就職しました。

昨日まで数万人ものリスナーを相手に、マイクの前でしゃべっていた私が、不動産投資会社の一営業マンとして、スーツを着て頭を下げながら営業をするのです。

今まで、しゃべることで喜ばれていた私が、電話のアポでは「必要ないから、もうかけないでくれ。迷惑だ」と一蹴される毎日。プライドはズタズタでした。

元DJの強みを活かしてコミュニケーションを取れば、簡単に売れると思っていた私の思惑は打ち砕かれ、売れない日々が続きました。

DJとしてもダメ、営業マンとしてもまったく売れない。自分の存在価値までも否定されているようで、お先真っ暗でした。

ただ、ここであきらめていては、何のためにDJを辞めたのかわかりません。

営業マンとして成功するには、DJとして夢をつかんだ時と同じように、勉強と訓練の繰り返ししかないと、プライドをすべて捨て、腹をくくったのです。

営業理論をとことん学び、様々なセミナーに出席し、売れている営業マンに売れる秘訣を聞いてまわりました。そして、自らいろいろな営業を受けて、お客様の立場に立ってみる、という勉強を繰り返したのです。

その結果、1年目はまったく売れなかった私が、当時年商500億円規模の会社にて、2

年目で営業成績NO・1の実績を残せたのです。その秘訣が本書のテーマ、「段取り」です。

その後、縁があって、株式会社オンデーズの田中社長に誘われ、全国チェーンのロープライスメガネ店を運営するオンデーズの取締役に就任し、営業本部長として全国のスタッフに販売の指導、教育を行なってきました。

現在は、人材コンサルティングや企業研修を行なう株式会社リンクアンドモチベーションのナビゲーター（研修講師）として活動（所属：リンクイベントプロデュース）しています。

営業から販売の仕事に移った時、大きな驚きがありました。

私は営業の時に、電話でアポを取り、何度も通って商品の魅力を説明し、それでも買ってくれないことのほうが多いという商売をしていました。

それだけ大変な思いで商品を売っていたのに、販売の仕事は「待っているだけ」。店で待っていると、商品が欲しいお客様が向こうからやってきてくれるのです。

もちろん、販売業の基本的な接客は行なっているのでしょうが、私の血の滲むような営業経験と比べると、その状況は甘いなんてものじゃありません！　ならば、私が培ってきた営業手法を販売にも取り入れれば、今まで以上にもっと売れるのではないかと思いました。

私が営業1年目に売れなかった最大の原因は、お客様と仲よくはなれるけれど、最後の最後に決断をさせることができない。つまり、クロージングがまったくできなかったことです。

これは、販売業でも同じです。接客の後はお客様の決断を待つだけで、ちゃんとクロージングができていないのが現状なのです。

しかし、本書でお伝えする「ダンドリ販売術」を身に付けると、今まであれだけ苦労していたのに、信じられないくらい自然に購入につながることを実感できるはずです。

本書を、序章から順に読み進めていくと、販売に必要なスキルと段取りが身に付いていきます。経験の土台や自分が持っている課題を考えながら、途中から読み進めても構いません。「待ち」の販売に慣れていると、最初は抵抗があるかもしれません。しかし、実践してみると、売る喜び、働く喜びを感じられる方法です。

当初はオンデーズのスタッフのために教えていた内容ですが、本書では全国の販売員に向けて、応用できるように体系化しました。

かつての私がそうだったように、悩み多き全国の販売員の皆さんに光が見え、お客様に感謝される喜びと、仕事の楽しさや面白さ、仕事に対する誇りとやりがいを、ぜひ、本書で感じていただきたいと思います。

目次

お客様を迷わせず「売りたい商品」がラクラク売れる
これが「ダンドリ販売術」!

ダンドリ1章

ファーストアプローチですべてが決まる

ダンドリ2章

セカンドアプローチで心をつかむ

ダンドリ3章

サードアプローチで「つい買ってしまう」販売トーク

ダンドリ4章

お客様を満足させて逃さない「ダンドリ・クロージング」

ダンドリ 5章

お客様から愛されてリピーターをつくる

ダンドリ 6章

売れっ子販売員が誰にも教えたくない売れる秘密

ダンドリ付録

販売がもっと好きになる書き込み式ツール

おわりに

装幀:田中正人（MORNING GARDEN INC.）
表紙イラスト:渡辺麻由子(MORNING GARDEN INC.)
本文デザイン・DTP:マーリンクレイン

ダンドリ ● 序章

売り場に立つ前に必要な心の準備

販売の仕事は人を幸せな気分にさせる

なぜ、販売の仕事を選んだのですか？

販売員採用の面談で、この質問をすると、皆さん口を揃えて、「接客の仕事が好きなんです」「人と接する仕事がしたくて」と言います。

しかし、販売で悩んでいるスタッフにその理由を聞くと、「お客様と話をするのが怖い」「どうやって接客をしていいかわからない」と言います。

つまり、最初はお客様と会話をするのが好きで飛び込んだ販売の仕事ですが、実際に仕事をしてみると、お客様と接することに一番悩むのです。

これでは、何のために販売業を選んだのかわかりません。

あなたも、もう一度、なぜ販売の仕事がやりたかったのか思い出してみてください。

私が高校生の頃、大阪・日本橋の電気屋街に初めてＣＤラジカセを買いに行った時のことです。何を買ったらいいかわからない私に、親身になって予算に見合う音質重視のＣＤラジカセをすすめてくれた店員さんがいました。今でも、その店員さんにとても感謝しています。

そのCDラジカセを買ったのがきっかけで、音楽がもっと好きになり、初めて買ったCHAGE&ASKA（当時はチャゲ&飛鳥でした）のCDを何度も繰り返し聴き、ライブにも足を運びました。

後にラジオDJになり、憧れのCHAGE&ASKAさんと対面し、インタビューが実現した時の感動は一生忘れません。あのCDラジカセでずっと歌を聴いていた人達です。

これも、あの店員さんからCDラジカセを買ったのが始まりです。


あなたにも、そういう経験がありませんか？

とてもかわいいワンピースを店員さんにおすすめされて買って、その服を着て初めてデートした思い出。部屋に似合う家具がなかなか見つからず、店員さんが一所懸命に一緒に探してくれて、お気に入りの家具が見つかった経験。

日々の生活の中で、「あの店員さん」がおすすめしてくれなかったら買えなかったものがたくさんあるはずです。


そう、販売の仕事は、多くの人の生活に関わり、影響を与えているのです。

欲しかったおもちゃを買ってもらった小さな子が、大事そうに袋を抱えて笑顔でお母さんと話をしている姿や、帰りの電車の中で待ちきれずに買ったばかりの包み紙を開けて、喜んでいる姿。

私も若い頃、よく行くインポートショップの店員さんの笑顔に憧れたり、好きな電気屋さんのお気に入りの店員さんから商品説明を聞いたり、今までの生活で販売員の方と接することに楽しみを感じてきました。

「人を幸せな気分にさせる」、そんなお手伝いをしているのが販売の仕事です。

ものを買う時は、いつも幸せな気分になります。いいものを買った時はなおさらです。

あなたの接客のおかげで、あなたの店のお客様の喜びも増幅するのです。

販売の仕事は、人を幸せな気分にするお手伝い。**あなたから買った商品から、様々な素敵なドラマが生まれているのです。**

あなたの仕事は〝売る〟仕事ではありません

販売をしていると、「売るのが仕事」となってしまいがちです。

もちろん、売らなければ商売にならないですから、売るのが仕事です。

しかし、大事なのは、売り手の立場だけでものを見ていては、お客様から信頼を得ることはできないということです。

同じように販売の仕事をしていて悩むことに、売りたくないものを売らなければいけないという葛藤もあるでしょう。

会社側の販売促進のために売らなければいけない。キャンペーン商品をすすめることが決まっている。今月の予算〇〇万円のために、頑張って売らなければいけない。

このような時、〝売る〟ことばかり考えて辛く感じることもあります。


では、買う立場から考えてみてください。

買い物をしていて、「何か売りつけられそう」と、思ったことはありませんか？

店員が〝売る〟ことを第一に考えていると、お客様も、何か売りつけられそうな気分になってしまうのです。その瞬間、お客様との信頼関係は崩れてしまいます。

では、「売る仕事」でなければ、何なのでしょう。

ずばり、**私たちの仕事は、〝売る〟のではなく、〝買うお手伝い〟をする仕事**なのです。

そこに、売り手と買い手の立場は存在しません。

売り手と買い手という2つの立場は相反するもので、対立構造をつくります。しかし、買う人と、そのお手伝いをする人は、目的は同じです。同じ立場で買い物ができる〝仲間〟になるのです。

想像してみてください。あなたの買い物の手伝いをしてくれて、親身になっていいアドバイスや商品説明までしてくれる人に対して嫌な気持ちになりますか？

「でも会社から、キャンペーン商品は絶対に売るように言われているのです」

そんな声も聞えてきますが、これも売る立場の考え方です。

買う立場から考えてみると、キャンペーン商品はお買い得なはずです。いつもより安い値段で買えたり、特典が付いてきたりします。また、キャンペーン商品とうたっていなかったら、その商品に気付きさえしなかったかもしれません。

販売する側は、そんなお客様のために、お得な情報をしっかり伝えればよいのです。

「ただ今、キャンペーン商品が限定○個でお安くなっていますよ」

その商品に興味がある人にとっては、とてもうれしい情報です。だから、すべての人に、キャンペーンの情報は伝える必要があるのです。

興味がない人は買わないし、興味がある人は喜ぶはずです。

ここでも、あなたは〝売る〟のではなく、〝買うお手伝い〟をすればいいのです。売りたくないからといって、キャンペーン商品なのにおすすめしないのは、お客様にとって有益な情報を隠しているのと同じです。

売り手の立場でなく、買い手の立場に立てば、お得な情報は絶対に教えて欲しいものです。

例えば、私が販売を指導していたオンデーズでは、メガネをご本人様が同時購入すれば、2本目が半額になるというキャンペーンを実施していました（2012年3月まで）。

ある店のスタッフは、「一度に2本も買わないだろう」と思い込み、おすすめをしませんでした。一方、ある店のスタッフは全員のお客様に必ず情報をお伝えしました。

その結果は歴然です。買うか買わないか、選ぶのはお客様です。お客様にとっては2本目が半額になるというお得な情報は、絶対に知っておきたい情報です。

その上で必要ないお客様は買わないし、必要なお客様は非常に得をするのです。

〝売る〟のではなく〝買うお手伝い〟をする立場に立てば、あなたも楽になる上に、お客様からも喜ばれるのです。

知識や経験がなくても売れる販売員

「販売の仕事を始めたばかりで、商品知識も経験もないから自信がない」

こう考えている方がいたら、そんなことは気にしなくても大丈夫です。

実際、販売の仕事は長年やっている人が一番売れるわけではありません。入って1週間しか経っていないアルバイトスタッフが、店で一番の売り上げを上げることも多々あります。

なぜ知識や経験がないのに売れるのでしょう。

何もできない販売員は、最初はとにかくお客様に声をかけることから始めます。

「いらっしゃいませ」「お探しの商品がありましたら、お声がけくださいね」、こうやって声がけをし、お客様とコミュニケーションを取っていきます。

この時、お客様から質問されてわからないことがあれば、ベテランのスタッフに聞けばいいのです。

お客様は、最初にしっかりコミュニケーションを取ったスタッフから買いたいと思います。ですから、知識や経験がない販売員でも、お客様は「この人から買いたい」と思うのです。

もちろん、知識や経験がないままで通用するのは新人の時だけです。本当にお客様から信頼されてリピーターをつくろうと思ったら、知識や経験を積むのは、必要なことです。

ただ、知識や経験があっても、お客様にアプローチができない販売員は、買ってもらえません。だから、新人でも、しっかりアプローチができていれば売れるのです。

知識や経験がない時は、とにかくたくさんお客様に声がけをし、コミュニケーションをいっぱい取ってください。

お客様が何を求めているのか？　どんな質問が来るのか？　どうやったら喜んでもらえるのか？　新人の時には、とにかく売り場でお客様の声をたくさん吸収してください。

そうすれば、知識や経験がなくても売れる販売員になれますし、その後、知識と経験が付いてくれば、もっと売れっ子販売員になれるはずです。

いかがですか？　もう、知識や経験がないからと、怖がる必要はありませんね。

今、ベテランの売れっ子販売員だって、最初は何もわからない新人だったのですから、あなたも大丈夫です。

商品が魅力的なら販売員はいらない!?

店舗でよく耳にするのは、「商品が悪いから売れないのです」という言葉。

この言葉は、自分の存在を否定している言葉だって気付いていましたか？

ものすごく魅力的な商品で、置いているだけで誰でも買っていくような商品があったら、販売員は必要ですか？　そんな商品が開発できれば笑いが止まりませんが、世の中そんなに甘くはありません。

だから、あなたの力が必要なのです。正直、**どれだけ魅力的な商品をつくったとしても、それを伝えなければ誰も気付きませんし、買ってもくれません。**

1980年代前半のことです。ビデオテープには、ベータとVHSという2つの規格が存在し、機能面としては断然ベータが優位でした。しかし、その自負が仇となり、広告宣伝や販促に秀でたVHSが完全に勝利したというエピソードがありました。

よい商品、魅力的な商品だから必ず売れるとは限らないのです。

かわいい服やバッグ、靴や小物も、ディスプレイやセールストーク、販売員がマネキンとして身に付けているのを見聞きし、初めてお客様は「欲しい！」と思うのです。

あなたの扱う商品も、置いているだけではその魅力は伝わりません。

どれだけよい商品でも、その魅力を伝えるのは販売員であるあなたなのです。

その証拠に、オンデーズのお客様アンケートでも面白い結果が出ています。

商品を買った理由の第1位は、「スタッフの対応、感じのよさ」で、「品揃え（商品の魅力）」は第2位です。

その商品の魅力を伝えるのも販売員の力と考えると、その存在価値は非常に大きくなります。あなたがいるから、お客様はその商品が欲しくなり、あなたの対応のよさがあってこそ商品を購入するのです。

愛され笑顔のつくり方

「販売員にとって大切なことって何ですか?」

新卒採用の説明会で聞かれた時、私はこう答えていました。

「笑顔が一番大切です。自然に笑顔が出る人、元気なことが一番です」

販売は人を幸せな気分にさせる仕事ですから、やっぱり笑顔は不可欠です。

私も人前に出る時は笑顔を心がけますが、最初から得意だったわけではありません。

ラジオDJをやっていた時は、顔は見られませんから、あまり気にはしていませんでした。

しかし、何を間違ったかテレビ番組のレギュラーとして出演し始めた時に、画面に映る自分の姿を見て大きなショックを受けました。

それほど男前でないことは自覚していましたので、そこは特に驚きはありません。驚いたのは、その表情の硬さ、笑顔の少なさでした。

見ていて、本当にブサイク! 笑顔がないと、こんなにも硬く、面白みに欠け、感じが悪い人に映るものだと初めて知りました。

そこから、私の笑顔の訓練が始まったのです。


あなたも、鏡に向かって笑顔をつくってみてください。

自然な笑顔がつくれていますか？

友達と談笑している時などは、自然な笑顔になっているでしょう。しかし、意識すればするほど、自然な笑顔ができなくなってしまうのです。

では、どうやって自然な笑顔をつくるのでしょう。次の手順で顔を動かしてみてください。

①口だけで笑うと引きつります。頬の肉を上げて笑いましょう。
②割り箸を横にして軽く噛み、頬の肉を上げて「いー」と言ってみましょう。
③口角は、噛んだ割り箸のラインより上に上がっているか確認しましょう。
④その状態のまま30秒キープしてみましょう。

さて、どうでしょう？　頬の筋肉がピクピクしませんか？

これが、愛され笑顔になる合図です。笑顔の秘訣は、この筋肉（表情筋）にあります。

雑誌のモデルや、テレビで笑顔を振りまくアイドルは、非常に素敵な笑顔をしています。

毎日長時間、笑顔をつくっているので、表情筋が鍛えられ、自然な笑顔が出るようになるのです。

見ているほうは、その笑顔に癒され、憧れ、心が和みます。

私も、この方法で頬の筋肉を鍛え、自然な笑顔ができるようになり、テレビでも明るく楽しそうに映るようになりました。

この自然な笑顔が、お客様が買い物をする入口になるのです。あなたも鏡を見て、愛され笑顔をつくりましょう。

立ち姿で吸い寄せられるお客様

ステージで見ると、非常に美しく見えるモデルや役者。しかし、楽屋や控え室で気を緩めてダラーとしている姿を見ると、魅力的に見えません。

立ち居振る舞いがよいと、人は美しく見えるものです。

モデルも役者もアナウンサーも、最初は姿勢から入ります。姿勢が悪いと声も出ませんし、見た目も悪くなるからです。

売り場に立つあなたも、人に見られる仕事です。

商品が主役だから、自分なんて見られていないと思ったら大間違いです。店員が片足に体重をかけて立っていたり、背中を丸くしていたり、何かに寄りかかって立っていたりしたら、お客様はその店によい印象を持つでしょうか？

シャツを買いたくて、ショッピングセンターのシャツ専門店に行った時のことです。

私が、店に入ろうとしたら、店員さんはカウンターでひじをついて、頬に手を添えて背中を丸くしてダルそうに立っていました。

視線はカウンターの上にある書類に向いているようで、私が店に入ろうとしていることに気が付きません。

その姿を見た瞬間、「この人には接客されたくないなぁ」と思い、そのままくるりと180度回転し、店から出て行きました。恐らく、もうその店に行くことはないでしょう。

その店にはお客様がひとりも入っていませんでしたが、その店員さんは、暇な理由がなぜなのか気付かないままかもしれません。

別の日のことですが、何気なく通りかかった帽子屋さんで、とても立ち姿がきれいな女性店員さんがいました。

その店を通り過ぎようとした時、その店員さんが私のほうを笑顔で見て、「いらっしゃいませ」と声をかけてくれたのです。

特に帽子を買う予定はなかったのですが、なんとなく、「そういえば、最近同じ帽子ばっかり被っているから、何か新しいものでも見てみようかな」と思い、少し引き返してその店に入り、衝動買いで帽子を購入しました。

買い物は、すべてが目的を持った買い物ではありません。「店員さんの感じがいいから」なんてきっかけで買い物をすることも多いのです。

感じのよい立ち方の基本姿勢は、

①重心が、へその下にあるように感じて

②てるてる坊主のように、頭のてっぺんからひもで吊るされているような感覚で

③一度肩をぐっと上げてから、ストンと落として力を抜き、あごを自然に引く

これで、自然な立ち姿がつくれます。

手は前で重ねるのが基本ですが、腕を伸ばしたままで重ねてはいけません。少し持ち上げて、ひじを曲げ、へその下で重ねると美しい立ち姿になります。

鏡の前で自分の立ち姿を確認してください。その姿、お客様はしっかり見ていますよ。

アナウンサーに学ぶ好感度がアップする話し方

いつも素敵な笑顔で、さわやかな話し口調のアナウンサー。

そんなアナウンサーが出ている朝の情報番組を見てから出かけると、仕事のやる気も湧いてきます。

女性アナウンサーの人気ランキングで、常に1位に君臨していた元フジテレビの高島彩さん。私も毎朝癒されていましたが、彼女の人気は、その好感度です。

彼女の好感度の秘訣はたくさんありますが、そのひとつは「残像をうまく活かしている」ことにあります。

「この後は、お天気です」と言うと、画面は切り替わります。

実は、この画面が切り替わる瞬間がポイントなのです。

彼女は、画面が切り替わる時は必ず笑顔です。笑顔のまま画面が切り替わったり、CMにいったり。視聴者は、その**笑顔の残像が脳に残ったままですから、笑顔の印象が記憶に焼き付きます。**

画面が切り替わり、再び高島彩さんが映った瞬間も、また笑顔です。

だから、高島彩さんが映っていない時間もずっと彼女の印象は笑顔なのです。

慣れていないアナウンサーは、画面の切り替えまで待てずに素の表情になってしまうことがあります。これでは、素の表情が残像として残ってしまいます。

さらに、高島彩さんは語尾を笑顔にして話しているのです。

「〜です」という語尾が笑顔になっています。私は、これを〝**語尾笑顔**〟と呼んでいますが、これも好感度アップのためには非常に大切です。

これらを、あなたが仕事で活かすにはどうすればいいのでしょう。

まずは、お客様と目を合わす時は必ず笑顔にします。

例えば、お辞儀をする時は、顔を上げた瞬間がポイントです。顔を上げて、お客様の目を再度見る時に必ず笑顔で見るのです。もちろん、お客様が自分の顔から目線を外すまで笑顔をキープします。

また、話をする時にずっと満面の笑顔で話していると、逆に不自然になり、顔も引きつってしまいますが、語尾だけしっかり笑顔にすれば、好感度がぐっとアップします。

想像してみてください。恋人とのデートの別れ際、笑顔で別れたら家に帰ってからもうきうき気分が続きますが、別れる瞬間、相手が冷たい表情を見せたとしたら、「もう愛情がなくなったのかな?」「何か悪いことしたかな?」と思って、夜、眠れなくなりますよね?

笑顔の残像をお客様にしっかり残しましょう。

売れっ子販売員になりきる

売り場はあなたのステージです。売り場は整い、商品も準備万端、そのステージであなたは思いっきり輝いてください。

とはいっても、もちろんいきなり踊ったり歌ったりしたらお客様が引いてしまいますので、気を付けてくださいね。

あなたはそのステージで、**売れっ子販売員を「演じればいい」**のです。

役者は、自分の性格や育ってきた環境に関係なく、その役になりきって演じます。時には敏腕弁護士、時には犯罪者と、観ている人を本気でその状況に引き込む力を持っています。

売り場に来たお客様にとって、あなたはどういう存在でしょうか？

昨日入ったばかりの新人だろうと、10年働いているベテランだろうと、同じ「プロの販売員」として見ているはずです。

「私、新人ですから充分なサービスはできないんです」と言っても、お客様は納得しません。もちろん、見た目や態度で、「この人は新人かな？」「この人は頼れるベテランだな」と判断している部分もあるでしょう。

だからこそ、売れっ子販売員になりきれば、お客様の信頼も得られます。

では、売れっ子販売員はなぜ売れるのでしょうか？

自信のある態度や、素敵な笑顔、落ち着きと信頼感のある雰囲気……。そんな、**あなたの思い描く売れっ子販売員になりきり、そのように振る舞えばいいのです。**

私は、ラジオDJから営業職に転職した頃、30歳を過ぎていました。営業初心者ですが、今さら「新人なので、何もわかりませんが、よろしくお願いします」なんて言える年ではないし、そんなことをお客様に言ってしまったら信頼されません。とにかく「できる営業マン」を演じきりました。

それまで、ほとんどスーツも着たことがなく、ラフな格好や髪型をしていましたので、まずは見た目から変えました。

髪はすっきりさわやかにして、売れている営業マンを真似て、かっこいいストライプが入った紺のスーツに身を包み、腕時計もゴムバンドのものからビジネスマンにふさわしいメタルバンドのものに換え、メガネもカジュアルなものからフォーマルなものにしました。

こうやってまずは格好から入ると、どうでしょう。見た目は「できる営業マン」に見えるのです。

あとは、話し方や態度を堂々とし、余裕の笑顔を絶やさずに振る舞うのです。

しかし実は、心の中はバクバクでした。態度は余裕だけど、心の中はまったく余裕がないのです。新人だから当たり前でしょう。

それでも、演じきってしまうとお客様にはバレません。

唯一、演技だけでは切り抜けられないのが、知識と経験の部分です。

お客様から質問をされて、わからなかった時は困りものです。

そんな時は、慌てずに、「いい加減な答えはできませんから、ちゃんと調べてお答えします」とか、「私よりさらに詳しい者がいるので、聞いてみます」と言って切り抜けていました。「わからない」と言ってしまえば簡単ですが、それでは頼りにされません。

しかし、わからない時は、「勉強不足で申し訳ございません。きちんと調べてお答えします」と言ってしまってもいいでしょう。

お客様は、販売員に知識を求めているというよりも、誠実な態度を求めていますので、新人で知識や経験がなくても、堂々と受け答えをし、誠実に対応すると悪い印象は与えません。

また、ある程度コミュニケーションが取れて、信頼関係が築けた後に、「実は、まだ新人なんです」と打ち明けると、逆に「へぇ、新人の割にはしっかりしているね」と好印象になる場合が多いです。

そうして、売れっ子販売員を演じていると、いつのまにか本当に売れっ子になっているものなのです。

おまじないでスイッチON

手のひらに「人」という字を3回書いて飲み込む。

背中をポン、ポン、ポンと3回叩いてもらう。

スタッフと円陣を組んでかけ声をかける。

これらはよく、歌手がステージに出る前に行なっていることです。

これから舞台に出て勝負をするぞという時に、自分にスイッチを入れているのです。

お笑い芸人でも、楽屋ではとても大人しいのに、テレビカメラの前に出るとスイッチが入り、途端にテンションが上がって面白くなるという人も多いです。

販売の現場でも売り場に出て、お客様の前に立つ時はスイッチがONの状態です。

このスイッチをONにする時に、何か**自分自身でスイッチを切り替えるおまじない**のようなものを持っているといいでしょう。

売り場はステージですから、素の自分をさらしてはいけません。

家では、まったく気が抜けた間抜けな顔をしていても文句は言われませんが（恋人の夢が醒める場合はありますが……）、売り場では禁物です。

私も、売り場に立つ時は必ず常に笑顔の状態をつくっています。お客様の顔を見ると必ず微笑みかけます。

制服を着た瞬間にスイッチが入る人もいるでしょう。「おはようございます」とあいさつをした瞬間、スイッチが入る人もいます。

これは、何でも構いません。あなた自身のスイッチを入れるおまじないをつくりましょう。

この切り替えが甘いと、売り場にもかかわらず、プライベートでくつろいでいるかのように、壁に寄りかかったり、カウンターでひじをついて書類を見てしまったり、ぼけーっとやる気のない顔をしてしまうのです。

さぁ、しっかりとスイッチを切り替えて、あなたのステージに立ちましょう。

ダンドリ
●
1章

ファーストアプローチで
すべてが決まる

「いらっしゃいませ」は何のために言う？

心の準備ができたら、いよいよ最初の段取りに入りましょう。

「いらっしゃいませ」

お客様との最初の接点となる言葉です。

これは、何のために言っていますか？

「もちろん、お客様のために決まっているでしょ！」と答えが返ってきそうですが、それでは、半分しか正解ではありません。

「いらっしゃいませ」という言葉は、店に来ていただいた感謝の言葉と共に、出会いのあいさつでもあります。

「はじめまして、こんにちは。私がお客様の担当をさせていただきます」

そんな気持ちを込めてあいさつをするのです。

最初のあいさつで、〝自分の存在に気付いてもらう〟ことが非常に大切です。

私がよく言うのは、無意識で「いらっしゃいませ」を言うのでは意味がないということです。**お客様が自分を認識してくれて、初めてあいさつが成り立つ**のです。これは、お客様の気持ちを買い物に向けさせる段取りの第一歩です。

ある店のお客様アンケートで、「入店の際、あいさつがなく歓迎されている感じがなかった。無視されているようで、買い物をする気になれなかった」という厳しい言葉がありました。

しかし、不思議なことに、スタッフは「ちゃんとあいさつをした」というのです。

よくよく状況を聞いていると、事務作業に追われてカウンターの中にいて、お客様の入店に気付いたけれど、うつむいたまま「いらっしゃいませ」と言ったそうです。

その時に、お客様とはアイコンタクトを取っていませんでした。

お客様からすると、その「いらっしゃいませ」は自分に言っていると思わなかったのかもしれませんし、聞こえなかったのかもしれません。

街で知り合いを見つけ、「あっ、〇〇さん、こんにちは！」と声をかけても、相手が気付かずに行ってしまったらどうでしょう。

こちらはあいさつをしたつもりだけど、相手は気付いていないわけですから、あいさつはされていないことと同じです。

要するに、「いらっしゃいませ」の言葉も、自分の存在に気付いてもらっていないと、あいさつになっていないということです。

しっかり相手の目を見て笑顔であいさつをし、「私はここにいますよ!」と、自分の存在をアピールしましょう。

優秀な販売員は常に動いている

動きながらお客様を待つことを「動的待機」といいます。

お客様視点で見ると、暇そうな店には入りたくないものです。

「なんか、べったり接客されるのは嫌だなぁ」

「この店、そんなに暇ってことは売れてないのかなぁ」

飲食店に入ろうとした時に、中にお客様がひとりもいなくて、店主と思われる人が店の椅子に座って、足を組んで新聞なんかを読んでいると、絶対に入りたくなくなります。

また、アパレルショップでも、店頭に暇そうにボーっと店員が立っているだけだと、ちょっと入りづらくなります。

そこで、常に動的待機を心がけましょう。

■商品の陳列を直す
■鏡を拭くなどのちょっとした清掃をする
■店頭で書類をチェックする
■商品の在庫を確認する
■チラシを配ったり、サンプル品を配ったりするなど、店頭で集客活動をする

私は、商品の陳列が乱れていなくても常に陳列を直すようにしています。

例えば、お客様との距離を縮めたいと思った時も、何もせずにお客様に近づくと、圧迫感を与えてしまい、逃げられてしまいます。

しかし、書類を手に在庫チェックをしていたり、陳列を直したりしている時は、「作業で忙しいんだなぁ」と思って、お客様は圧迫感を感じません。

そうやって距離を縮めていると、お客様の行動も観察できますし、お客様もこちらに声をかけやすくなります。

あるコーヒー専門店では常に店頭で試飲用のコーヒーを提供しています。

「新商品の○○コーヒーです。どうぞお試しください」という声に吸い寄せられるように、お客様が店に入って行きます。

店頭でのプロモーション活動と活気により、集客に成功しているのです。

何もしないで、ボーっとしている店と、常に動いて活気がある店と、あなたならどちらの店に入りたいですか？

恋も接客も距離感が大切

恋愛と接客には、非常に似ている部分があります。

そのひとつは、相手との距離感が、関係の深さで変わってくる点です。

心を許している相手だと、距離が近くても大丈夫ですが、そうでない相手にはできるだけ近くには寄って欲しくありません。

逆に親しみを込めて話をしたい相手に、距離感を取られて話をされると、なんだかさみしい気分になったりします。

これを**「パーソナルスペース」**と呼びます。

面白いもので、人は、自分の領域に入って欲しくないというパーソナルスペースを持っています。

京都の加茂川沿いを見ていると面白い光景を目にすることができます。

加茂川といえば、カップルが川沿いに並んで座っている光景をよく目にしますが、対岸から見てみると、見事に等間隔でカップルが座っているのがわかります。

学生の頃、好奇心旺盛な私と友達は、そのカップルとカップルの等間隔のちょうど真ん中に割って座ったらどうなるかという実験をしました。

すると、どうでしょう。見事に両サイドのカップル共、居心地が悪くなったのか、5分も経たずにその場から立ち去ってしまったのです。

接客をするうえで、まず大切なのは、最初の声がけでの距離感です。

パーソナルスペースは、これ以上近寄られると防御反応が出てしまう距離ですので、そのギリギリの距離感で声をかけたいものです。

目安としては、120センチほどが、ちょうどよい距離感です。その場所から手を伸ばしても相手には触れられないぐらいの距離です。

あまり遠過ぎると逆に親近感が湧きませんし、近過ぎると拒絶につながります。

まずは、最初の声がけで距離感を計りつつ、二度目、三度目の接触でその距離を縮めていきます。

声をかけるとお客様が逃げてしまう、とよくいいますが、それはパーソナルスペースを犯してしまっているからです。

適切な距離感で接していれば逃げませんし、仮にそれでも逃げるお客様は、最初から買うつもりがないお客様の場合が多いので、気にする必要はありません。

売れっ子販売員は、その距離感が絶妙ですし、また、距離感を詰めるのも非常に上手です。

ベタベタくっついているカップルと同じで、近ければ近いほど親近感は湧きますので、売れる販売員ほど、お客様の近くで接客するのも特徴です。

異性のお客様だと、あまり近づき過ぎると変な感情を抱かれてしまうので危険ですが、恋も接客も距離感が大切だということは同じです。

「右斜め前」からは口説きのセオリー

あなたは街で声をかけられたことはありますか？

アンケートのお願い、スカウト、ナンパなど、様々な目的がありますが、声をかける時に一番成功しやすいのが、**右斜め前から声をかけた時**なのです。

これは、心理学の実験でも明らかになっているのですが、基本的には、自分の右側に人がいるほうが圧迫感はなく、左側は心理的な圧迫感があるのです。

なぜ左側に圧迫感があるのかは、心臓があるほうを守りたいという心理だという説もあります。

もうひとつ、基本的に**カバンを持っていないほうから声をかける**と、確率は高くなります。

カバンを持っている側は、心理的に防御したい側です。

男女が歩いていて、相手がいるほうにカバンを持っていると、まだ相手との壁がある証拠です。並ぶ側を変えるか、カバンを逆側に持ち替えたら壁が取れた証拠になります。

カバンを持っていない場合は、セオリー通りで相手の右側から声をかけるとよいでしょう。角度としては130度を目安にしてください。

正面過ぎると敵対してしまいますし、視線に入らないところから声をかけると拒絶につながります。自然に視線に入るところから声をかけるのが、圧迫感を与えずにすみます。

しかし実は、これらはすべて確率論になります。

人によっては、普段は右に持っているけど、たまたま手が疲れたから左に持ち替えていた場合もあります。

しかし、毎日たくさんのお客様と接し、1ヶ月トータルで考えると、声をかける回数は何百回にもなるでしょう。

そうすると、できる限り自分を受け入れてくれる方法で声をかけたほうが、購入につながりやすくなりますから、確率が高い方法で声をかけたほうがよいのは当たり前です。

パーソナルスペースと併用し、右斜め（カバンを持っていないほう）130度の向きから、120センチの距離が最適な声がけのポジションだと覚えておいてください。

そして、会話に入った時は、横並びで話すのが理想です。

隣り同士で話すのが一番リラックスできるポジションなのです。

声を聞かせて親近感を増す

赤ちゃんは、お腹の中にいる時に母親の声を聞くと安心をすると言います。だから産まれてからも、いつもお腹の中で聞いていた声を聞くと居心地がよくなるわけです。

店頭でも同じことが言えます。

お客様は、親近感が湧く店員から話を聞きたいと思います。入店時に「いらっしゃいませ」と言ってもらい、その後も声をたくさん聞いていると親近感が増します。

つまり、**相手に親近感を与えるには、自分の声をたくさん聞いてもらうことです。**

そのために、常に声を出していることは非常に有効です。

「いらっしゃいませ」はもちろんのこと、「ただ今、〇〇キャンペーンを行なっております」「本日のおすすめ商品は〇〇です」など、常に声を出していると、その声を聞けば聞くほど、お客様の親近感は増します。

私がラジオ番組で毎日しゃべっていた頃、イベントなどでリスナーの皆さんに会うと、初対面でも親しみを持って話しかけてくれます。

「あっ、羽田さんだ！　へー、声を聞いているともっと彫りが深い顔だと思ってた」

「ごめんね、親しみやすい顔で」

「あ、悪い意味で言ったんじゃないよ、声は男前だからギャップがあったんだよ」

「それ、褒めてるの？」

なんて、初めて会ったとは思えないような気楽な会話ができるものです。

毎日、私の声を聞いてくれていたので、それだけで親近感が湧きますし、初めて会ったのに初めて会った気がしないのです。


お客様も、一言も声を聞いていない人は、どんな人かもわかりませんから、話をしたいとは思わないはずです。

ですから、私は、ファーストアプローチが終わって、お客様と会話をする段階に行くまでに、声出しをすることで自分の声をたくさん聞かせます。

たくさん声を聞かせていると、お客様から声をかけていただく割合も増えますし、自分から声をかけて距離を縮める時も、会話に持っていきやすくなります。

「お声がけはいたしません」は営業放棄

一時期、百貨店などで、「お声がけはいたしません。ごゆっくりお買い物をどうぞ」という案内が注目されました。声をかけられるのが嫌なお客様に配慮し、販売員からは一切声をかけず、必要ならばお客様からお声がけくださいという方針です。

一見、親切なようなこの方針、しかし私はこれは、本当にバカバカしい営業方針だと思います。営業放棄といっても過言ではありません。

声をかけないで売り上げが伸びるのであれば、大いに結構ですが、これでは間違いなく売り上げが下がりますし、顧客満足度も下がります。

もちろん中には、声をかけて欲しくないお客様もいらっしゃいますが、そういうお客様も、まったく声をかけて欲しくないわけではありません。

自分のペースで買い物をしたいと思っており、まだ特定の商品に興味を抱いていないので声をかけられたくないと思っているだけです。

最初に声がけをした時に、「話しかけて欲しくない」という雰囲気を感じ取ったら、距離感を置いて見守ればよいのです。

また、「話を聞きたいけど、自分からは声をかけにくい」と思うお客様も大勢います。そんなお客様に対して声がけをしないで終わると、お客様の疑問や不安は解消されず、結局何も買わずに店を出てしまいます。

声がけをしないのは、お客様を歓迎しない、商品の魅力を伝えない、お客様とのコミュニケーションを取らないと言っているのと一緒です。

世の中に店はたくさんあります。あなたの店だけが営業をしているわけではありません。**お客様に、数ある店の中から、しかも、あなたから買う理由を見つけていただかなくてはいけないのです。**

声がけをしないのは、選んでもらうことそのものを放棄しているだけ。

それで売れたとしても、単に気に入った商品があって、たまたま売れただけです。それでは、何のために販売員が存在しているのかがわかりません。

声がけはお客様とつながる大切な行為です。買い物の満足度は、商品がつくるのではなく販売員がつくるのです。その満足度は、声がけから始まることを忘れないでください。

ダンドリ
●
2章

セカンドアプローチで心をつかむ

声がけはセリフにすれば怖くない

ファーストアプローチの次の段取りに進みましょう。

お客様が入店したら、「いらっしゃいませ」の後に、まずはあいさつ代わりの軽い声がけが必要です。

しかし、新人スタッフを見ていると、なかなか声をかけに行きません。「なんて声をかけてよいかわからない……」と言うのです。

そんな時、「何でもいいから、お客様の状況に合わせて自分の言葉で声をかければいいんだよ」と言いたくなるところですが、これでは問題は解決しません。

最初は、お客様に声をかけること自体が怖いものです。ですから、何と声をかけてよいかわからず、余計に恐怖感が増し、何もできなくなるのです。

異性と話をする時も同じではないでしょうか。

最初に何と声をかければいいのだろう？　どういう話題を振れば会話が弾むだろう？　こ

うやって考えているうちに結局何も話すことができず、チャンスを逃してしまうのです。

懇親会やパーティーなどで、初対面の人と話をする時も、何を話していいかわからず、交流を広げることができないまま終わる人も多いでしょう。

しかし、中には、どんな相手でも、初対面でもすぐに会話ができる人がいます。

そういう人の秘訣は何だと思いますか？　実は、いつも同じセリフを言うことが秘訣です。

「今日は、どちらからいらしたのですか？」

「どういうきっかけで参加されたのですか？」

「どういうお仕事をされているのですか？」

会話のきっかけは、必ず同じパターンで切り出しているのです。最初の話のきっかけさえつかめば、後は楽になります。コミュニケーション上手な人は、自分の会話パターンを持っています。


店舗での声がけも、考え方はまったく同じです。

業種によって声がけの方法は違うと思いますが、売れている販売員が言っているお決まりのセリフがあるはずです。

「よかったら、いろいろ試してみてくださいね」

「色違いなどもございますので、気に入ったものがあれば声をかけてください」

「試着もできますので、お声がけくださいね」

このように、声がけのパターンは3つもあれば十分でしょう。売れっ子販売員に聞いてみると、男女や年齢やタイプに関係なく、いつもワンパターンの声がけをしていると言います。

相手に合わせてセリフを変えるとなると、かなりハードルが上がります。

「このお客様は、こういうタイプだから、こんな声がけがいいかな……」なんて考えていたら、タイミングを逃してしまいます。


3つぐらいのパターンでセリフを決めていれば、どんなお客様でも声がけに躊躇することはありません。自分の言葉で言う必要もありません。

お客様が入店したら必ず、「いらっしゃいませ」と言いますが、これもお決まりのセリフですね。役者さんがセリフを言うように、その後の声がけで自動的にセリフを言うと決めておけば、声がけを恐れる必要はなくなります。

今日入ったばかりの新人さんでも、3つのセリフを覚えておけば、すぐに実行に移せます。

「いらっしゃいませ、こんにちは！　店内でお召し上がりですか？」

このように、ファーストフードのチェーン店はセリフが決まっています。だから、カウンターにお客様が来て戸惑う店員さんはいませんよね？

今日からすぐにセリフを決めれば、もう怖くありません。

売りたいならニーズは聞くな！

「お客様のニーズはしっかり聞くように！」

接客販売の指導を受けると必ず言われる言葉です。

もちろん、販売をする上で、お客様からのヒアリングは非常に大切です。

どんな商品を求めているのか？　今まで使っていた商品はどんなものか？　好みの形は？　色は？

しかし、ヒアリングでニーズを聞くのは大事なのですが、そのニーズをすべて聞いてしまうと、商品は売れません。

お客様のニーズは、基本的にわがままです。

「デザインがよくて、他で売っていないような斬新な素材を使っていて、でも、そんなに派手じゃなくて、さりげないおしゃれ感があり、機能性もよく、色は明るめのピンクで安いものが欲しい」

このニーズを全部聞いたら、絶対に商品は売れません。

〝派手ではない明るめのピンク〟なんて、もう無理でしょう。地味な林家ペーさんを探すようなものです。

機能性も素材もよくて、かつ安いのも難題です。激安国産マツタケを求めているようなものです。

このように、**お客様のニーズは丁寧に聞けば聞くほど、泥沼にはまってしまいます。**

「そのような商品はございません……」で終わってしまいかねません。

では、ヒアリングで何を聞くのがいいのでしょうか。

それは、ニーズではなく、**その「商品を使う目的」**を聞くのです。

オンデーズでは、メガネを販売していますから、そのメガネを使う目的を聞けば提案の幅が広がります。

仕事で使うのか？　プライベートで使うのか？　どのようなイメージで見られたいのか？　などを探るのです。例えば、「どのような場面でお使いですか？」と聞くと、「仕事で使っているメガネが印象が硬いって言われたので、プライベートでは個性的でやわらかいイメージに見られるものがいいんだけど」と、目的が明確になるのです。

そうすれば、目的に合った的確な提案ができます。目的がわからないと、ニーズ通りに提案しても、「ちょっとイメージが違う」と言われてしまうのです。

ですから、あえて言います。

ニーズは聞かない！　ニーズは聞かなくても、目的をしっかり聞いて提案の幅を広げます。いくつかの商品に絞れた時に初めて、どちらがいいかニーズを伺えばよいのです。

買わないお客様には宿題をつくって再来店につなげる

営業の世界では、1回の訪問では売れないので、何度も訪問や面談をすることで売り上げにつなげていきます。

私が営業マンとしてお客様を訪問していた時、必ず自分に宿題をつくって、それをお客様に伝えて、持って帰っていました。

「わかりました、では、具体的なシミュレーションをつくって、どのような数字の流れになるか次回持ってきます」

宿題をつくれば、再度訪問をする理由ができます。

時には、その場ですぐ答えられる内容でも、あえて具体的な答えは避けて、宿題にして持って帰ることもありました。

想いを寄せる相手と初めてデートをして、もう一度会いたいと思った時も、次回会う理由をつくるために宿題を設定すればいいのです。

「さっき話していたCD、今度持って来るね。いつにしようか」

最初のデートで次に会う約束をしないと、次に会うハードルは一気に高くなります。恋に破れる場合は、このパターンが多いのです。

しかし、販売の現場ではその場、つまり1回の来店で販売につながることが多いので、再来店につなげる働きかけをしている人は少ないのが現状です。

でも、本当にお客様は1回の来店だけで買い物をするのでしょうか？

数日前に店の前を通っていて商品が気になり、一度店に入って少し商品を見てお目当てのものを見つけ、休日に友達や恋人と一緒に改めて買いに来る。

こんな風に、何回か来店をして購入するお客様もたくさん存在するのです。

例えば、商品を気に入って悩んでいたけれど、「時間がないからまた来る」というお客様がいらっしゃったら、自分の名刺に商品の品番を書いてお客様に渡します。

さらに確実なのは、「一点ものなので売れたらなくなってしまいますから、お取り置きしておきましょうか？　1週間以内なら取り置き可能です」と、カードに取り置き期限を書いてお渡しします。

日本人は基本的に律儀ですから、お客様のために取り置きをして期限を決めると、その期限内に再来店してくれる確率が大きく上がります。


ある携帯ショップでは「明日になると値段が変わる可能性がありますが、この名刺に書いてある期間内は今日と同じ価格で特別に販売しますよ」と名刺を渡してくれました。

加えて、「来週の木曜日に新商品が入りますので、その時に新色が入る予定です」と教えてくれました。

こうやって次に来店する理由をつくってあげると、再来店の確率が高まります。しかし、再来店のきっかけをつくらないと、次の日に別の店で購入してしまうかもしれません。

お客様の反応が悪くても大丈夫

「どうぞ、ご自由にお試しくださいね」
「……」
「何かご不明な点がございましたら、お声がけください」
「……」

お客様に笑顔で明るく声をかけたのに、まったく無反応。無反応ならまだましで、「うるさいなぁ」という嫌な顔をされてしまって落ち込む……。

誰でも経験することでしょう。しかし、実はそんなことで落ち込んだり心を痛める必要はまったくないのです。

繊細で優しい心を持っている人ほど、自分を受け入れてくれないと思って落ち込んでしまいます。

でも、お客様の立場になって考えてください。**まだ、買うかどうかも決めていないし、知**

らない人と話すのが苦手だったら、反応なんてしません。

ちなみに、誰も信じてくれないのですが、私も〝超〟が付くぐらい人見知りなのです。プライベートで、自分のことをまったく知らない人と初対面で会った時は、うつむき加減になってしまい、ましてや自分から話に行こうとは思いません。

しかし、仕事となると自分を演じていますから、とてもフレンドリーに話す〝フリ〟をしているのです。

ですから、私が客として買い物に行った時は、店員さんに声をかけられても基本的にぶっきらぼうになってしまいます。

だからといって、話しかけられたくない訳ではありません。

「今」は、そっとしておいて欲しいだけなのです。商品に興味が湧き、何度か「いらっしゃいませ」などと声をかけてくれているうちに、やっといろいろと聞きたくなるのです。

ですから、声がけで反応が悪くても大丈夫。何も気にすることはありません。

一度のアプローチであきらめていませんか？

一度フラれたら、もう怖くて二度と告白なんてできない……、と思っていませんか？

1991年に放送されたテレビドラマ、「101回目のプロポーズ」では、主人公が何度も何度もプロポーズをして、やっと相手が心を開いてくれ、ハッピーエンドが訪れました。

販売の現場でも、一度フラれたぐらいであきらめていてはいけません！

声がけで反応が悪いと、その後まったく声をかけない販売員がいます。これは、大きなチャンスを自ら逃していることになります。

人は心理的に、「三度の接触」で親近感が湧くといいます。

前述した通り、営業の現場では、1回の訪問で終わらずに宿題をつくっては会う理由をつくり、三度会ったところで、やっとお客様も心を開いてくれて本音で話をすることができるようになります。

恋愛でも三度デートをして、お互いをよく知ってから付き合うのが理想的です（一度で決められる人はうらやましいですが)。

よく、好きな人ができたら偶然を装って三度バッタリと会うと、運命を感じると言います。

一度会っただけでは何とも思いませんが、二度目で相手を意識するようになり、三度目で親近感が湧き、相手が気になるのです。

大昔の話ですが、私も学生の頃は、好きな女の子と帰りの時間が偶然一緒になるように小細工をしたものです。

これは販売の現場でも同じです。お客様に一度のアプローチだけで諦めずに、とにかく三度アプローチすることを心がけましょう。

一度目、二度目のアプローチで反応が悪くても、三度目のアプローチでやっとお客様とコミュニケーションが取れるということは大いにあります。

三度接触することで、心を開いてくれるのです。

つまり、売り逃しが少なくなり、購入率もしっかり上がるのです。

本書にあるファースト、セカンド、サードアプローチの順序で、三度お客様と接触することを目指しましょう。

私も、若い頃にこの心理を知っていたら、もっと恋が実っていたかもしれません……。

お客様は、あなたの意見を求めていない

お客様にいろいろなアドバイスをするのが、販売員の役目だと思っている方は多いでしょう。

もちろんそうです。しかし、現実もしっかり受け止めましょう。

実はお客様は、あなたの主観的な意見は求めていないという現実です。


私が靴屋に行った時のことです。気に入った靴を見つけて、店員さんを呼びました。

スタイリッシュなスポーツシューズを買おうとしていたのですが、鮮やかなブルーと定番の渋い黒とで迷っていました。

心の中ではブルーのほうが個性的で目立つかな、と気になっていたのですが、「このデザインだと、ブルーと黒どっちがいいですか?」と店員さんに聞いて、ブルーがよいと確信を持ちたかったのです。しかし、答えはこうでした。

「このデザインだったら断然黒が人気ですよ! ブルーはちょっと派手でダメですね」

「あ……、そうですか……」

もちろん、私は黒もブルーも選ばずに、さみしくその店から立ち去りました。

お客様は販売員に、アドバイスを求めているようでいて、実は**自分の選択が間違っていないかを確認して背中を押して欲しいだけ**なのです。

そんな時に販売員の主観で、「こっちがいい」「そっちはダメ」なんて断言してしまい、自分が心を傾けていた商品を否定されると、買うに買えなくなります。

あなたの役目は、あくまでもお客様の商品選びをお手伝いすることなのです。

商品の特徴やお客様が知らない情報を伝えることによって、お客様の選択を助ける、もしくは、迷っている背中をポンッと押してあげるのが役目です。

よくお客様から、「どっちが似合うと思う?」と聞かれることがあるでしょう。

そんな時は、「どちらもお似合いですよ」と必ず答えましょう。

その上で会話の中や仕草から、どちらの商品が気に入っているか探り、お客様の意見に同調して背中を押すのです。

自分の主観で断定した意見を言ってしまうと、売り逃しにつながる可能性がありますが、この方法ならお客様の気分を損ねることも、売り逃しになることもありません。

お客様の反応から気に入っているほうに確信がある時は、笑顔で「私はこちらのほうがお似合いだと思いますよ」と断定すると、お客様もとてもいい笑顔で「私もそう思っていたの！」と喜んで購入してくれます。

お客様がどっちを気に入っていようが関係なく、自分の意見を貫き、それでも売れてしまうのはカリスマ店員ぐらいです。

カリスマ店員のカリスマ性と、優れた感性や感覚を身に付けるのは至難の業ですが、お客様の意見に同調して背中を押すのであれば、難しくありませんね。

「どうされますか？」はダメ！

ある日、某会社のクレジットカードをつくろうと思って手続きをしていた時の話です。

正直、つくってもつくらなくてもいいカードだったのですが、ちょっとした特典に釣られて申込み手続きをしたのです。

ここで、カード会社から申込み確認の電話がかかってきてからのやり取りを要約します。

「こちらのカード、審査の結果、利用限度額が○万円になります」

「そうですか。限度額はもう少し増額は無理ですか？」（実際そんなに使いませんが、ちょっと見栄を張ってみました）

「そうですね、現状ではこの条件になりますね」

「わかりました。発行までどれぐらい時間がかかりますか？」

「2週間ほどいただいております。発行されるか、されないかはお客様のご自由ですので、どうされますか？」

「んー、2週間って結構かかりますね」

「申し訳ございません。あとは、お客様の判断ですから……、どうされますか？」

「どうされますかって……。んー。では、今回はやめておきます」

「そうですか、申し訳ございません。またよろしくお願いいたします」


さて、この営業担当の方はどこで間違いを犯してしまったかわかりますか？

まず、私の心理からいうと、限度額の件はどうでもよかったのですが、一応聞いてみた程度でした。そこに、営業担当が過剰に反応し過ぎた感がありました。

しかし、私の次の言葉、「発行までどれぐらい時間がかかりますか?」で、もう申込む意思は表示しているわけです。

もしも、ここで「2週間ほどいただいておりますが、すぐに発行手続きをさせていただきますので、よろしいでしょうか?」と、言われていたら、「では、お願いします」と言っていたでしょう。

しかし、「どうされますか?」と聞かれたら、「発行する」「発行しない」の2つの選択肢が頭をよぎります。

そこで、迷いの中で出た言葉が、「2週間って結構かかりますね」だったのです。

ただ、これも早いに越したことはないなぁという程度です。

ここで、「できるだけ早く発行できるように担当に伝えておきます。このお電話でお申込みをお受けいたしまして、すぐに手続きをいたしますが、よろしいですか?」と言えば、そのまま申込みをしていたでしょう。

要するに、YESという答えを導き出す質問をしているかどうかなのです。

「どうされますか?」は相手にNOの選択を与えてしまいます。

YES前提で話を進めていけば、NOの答えは言いにくくなりますね。

お客様が迷った末、買おうかな？　と思った時、販売員はクロージングをするつもりで「どうされますか？」と聞きますが、それは、NOの選択肢も与えていることになります。

やっと買おうかと思った時にNOが頭をよぎり、「待てよ！　今買わなくてもいいかな？　もっと考えてからにしよう」と思わせ、「また、ゆっくり考えてからにします」と売り逃しにつながってしまうのです。

ですから、「どうされますか？」は絶対に言ってはだめです。

「こちらでよろしいですか？」と、YES前提で最後は背中を押す言葉を使いましょう。

仲よくなっても売れない訳とは？

お客様と笑顔で会話が弾み、自分のことも気に入ってくれています。これは絶対に買ってくれるぞ！　と思っていたのに、「じゃあ、ちょっとまた考えますね」と、売り逃してしまうことがあります。

私が、ラジオDJを辞め、営業を始めた頃は、本当にこの連続でした。

コミュニケーションはしっかり取れ、信頼も得ているし、商品の説明もお客様が納得いくまでしっかり行なったにもかかわらず、なぜか売れない日々が続きました。


あなたも、お客様とコミュニケーションは取れているのに売れない、という経験があるのではないでしょうか？

では、なぜ売れないのでしょう？

私は、この答えを見つけるために本当に四苦八苦しました。悩んでもがいた上に見つけ出したのが、本書のタイトルになっている**「ダンドリ販売術」**なのです。

売れていない当時は、お客様とコミュニケーションが取れさえすれば売れるものだと思っていました。

もちろん、コミュニケーションをしっかり取ることは大切です。

しかし、それだけでは足りません。売れる要因にはならないのです。


「買う」という決断は、**買った後の姿がイメージできているかどうかが重要**です。どれだけ仲よくなり、コミュニケーションが取れても、お客様に買った後の姿をイメージさせられないと、買っていただけないのです。

売れなかった頃の私は、買った後の姿を見せることができずに、目の前のお客様の対応だけに必死になっていたのです。私は、お客様をしっかり見て話をしていましたが、お客様は私を見たいのではなく、買った後の自分の姿を見たいのです。その姿が想像できないと、「買いたい！」とはなりません。


では、どのようにすれば、お客様に「買いたい」と思っていただけるのでしょう。

まずは、今までの章をしっかり克服してください。そして、次からの章で「段取り」の本質に迫ります。

私自身も、次からの章の内容を身に付けてからは、今まで売れなかった自分が信じられないように売れ出しました。

この法則をオンデーズで、メガネ販売に取り入れました。私自身、初めての小売販売でしたが、面白いほど効果が高く、この段取り販売術が間違っていないと確信できました。

もちろん、他の小売りやアパレルなど、モノを売る商売なら、ほとんどの業界で応用可能です。

私の苦悩が一気に吹き飛んだのと同じように、あなたの悩みが吹き飛んでくれればとってもうれしいです。

では、次の章からも楽しんで、じっくり読んでください。

ダンドリ●3章

サードアプローチで「つい買ってしまう」販売トーク

商品の魅力を伝えるキャッチコピー力

次に、段取りはサードアプローチに入ります。

商品の魅力を伝えるには、キャッチコピーが必要です。

短い時間で商品の魅力を伝えるには、無駄な言葉は使えません。

テレビCMや新聞広告のキャッチコピーも、洗練された言葉が並んでいます。

あなたはプロのコピーライターではありませんから、何もそこまで素晴らしいキャッチコピーを考えろとは言いません。

何千万、何億円と費用をかけるCMは、プロが渾身のキャッチコピーを考え、消費者の元に届けているのです。

雑誌やカタログにもプロが考えたキャッチコピーが溢れていますし、街を歩いていてもポスターや看板など、いたるところにキャッチコピーは存在します。

世の中にはこれだけプロが考えた言葉が落ちているのですから、どうぞ、迷わず拾ってください。

プロの言葉を拝借する。これが一番簡単です。

私も、何かキャッチコピーをつくろうと思った時は、雑誌やネット上の広告など、あらゆるものを参考にします。

そのままの文章を盗むと、「あっ、なんか聞いたことある」と思われますから、一部アレンジすればいいのです。

広告物に使うとか、放送するものではなく、店舗でお客様に伝える時に使うだけですから、有名歌手のように盗作で訴えられることもありません。

商品のキャッチコピーをつくる時に、気をつけなくてはいけないことがあります。

それは、売り手の目線で語るのではなく、**お客様の目線で語る**ことです。

とあるパソコン売り場で、商品の説明をしていた店員さんは、「こちらの商品はCPUが最新のデュアルコアを使い、メモリも通常搭載の2倍あり、映像の解像度が……」と、専門的な情報ばかりを話していました。

パソコンに詳しいお客様は理解できるかもしれませんが、そうでないほとんどのお客様にはさっぱりです。

説明を聞いていたお客様は、「つまり、何ができるの?」と聞いていました。

商品説明をする時に忘れてはいけないのが、**〝お客様に対して〟どういうメリットがあるか**を伝えることです。

商品の性能が優れていようが、斬新な素材を使っていようが関係ありません。それによって、お客様にどういうメリットがあるかなのです。

先のパソコンの説明も、性能がよくなったことによってお客様にどういうメリットがあるのかが伝わっていません。

「例えば、今まで1分30秒かかっていたパソコンの起動時間が30秒になり、エクセルやパワーポイントなど複数のアプリケーションを開いても固まらず快適に動きますので、ストレスがありません」

このように、お客様が使用する際のメリットを説明してあげれば納得します。

「綿80%でポリエステル20%配合されていますので、肌触りがいいうえにシワになりにくく、乾きやすいので扱いやすいお洋服ですよ」

性能面でお客様にどのようなメリットがあるか、しっかり説明できると、そのよさが理解できるのです。

先日、恋人ができないと悩む友人がいたので、「自分と付き合うメリットを相手にしっかり伝えている?」と聞くと、「メリットか……ないなぁ」と答えました……。

商品も、買うメリットがなければ誰も買ってくれません。

そういう場合は、まず、メリットが何かをしっかり見つける。なければメリットをつくるところから始めなくてはいけませんね。

ハロー効果で商品価値アップ

「あの芸能人も愛用しています」

「皆様に愛されて100万個突破」

「モデルにも大人気の商品」

このように、**有名人や著名人、多くの人が使っているという情報を聞くと、その商品がとてもよいものだと思ってしまいます。**

これを、「ハロー効果」といいます。

アパレルショップなどでは、自社の商品が雑誌に載っていたり、タレントやモデルが使っていたりすると、必ず店頭で紹介しています。テレビCMでも有名タレントを起用するのは、このハロー効果を狙っているからです。

タレントが有名であればあるほど、また、イメージがよいほど、その商品の価値も高く感じます。

実際には、有名人を使ったところでその商品がよくなるわけではないのですが、心理的にその商品価値までもが上がったように思わせる効果があるのです。

そのハロー効果を、販売でも使わない手はありません。

もちろん、自社の商品をタレントや著名人などが使っていれば、大いにアピールすべきでしょう。

しかし、そんな恵まれた商品を扱っている店も多くないでしょう。

そういった場合は拡大解釈をしましょう。

「今、この型がすごく流行っていて、モデルさんの中でも流行っているスタイルなんですよ」

その商品を直接使っていなくても、同じような型、色、成分などが「〇〇の間で流行っている」と伝えると、ハロー効果になります。

さらに、よく使うのは、「我々スタッフの間で大人気」という言葉です。プロであるスタッフが使っているのであれば、間違いないと思うからです。

その証拠に、アパレルショップでは販売員がマネキンとして自社の商品を着用しますが、やはりその日に着ている商品は売れ行きがいいそうです。

ただし、ハロー効果を狙うからといって、本当に流行っていないものを流行っていると言ったり、すべての商品に使ってしまうと、怪しくなりますので注意しましょう。

そして、このハロー効果は逆にも作用します。

例えば、CMで起用していたタレントがイメージの悪い不祥事を起こしたりすると、商品のイメージも悪くなります。

私が接客をしている時にも、40代の女性のお客様とこんなやり取りがありました。

「このメガネ、ちょっと男性っぽいかしら？　形がかっこよくて気に入っているんだけど似合うかしらね？」

「この形ならお似合いですよ。ちなみに、私がかけているメガネもこの商品と色違いなんですよ。とってもいいですよ」

「あ、本当だ。お兄さんと同じ形のメガネかぁ……。ちょっと考えるわね」

これは本当にあった完全な失敗のパターンです。お客様は、男性と同じ形が嫌だったのです。そこを察することができなかった私のミスです。

私の名誉のために言っておきますが、男性のお客様には何人も私と同じ形のメガネをお買い求めいただいておりますので、あしからず。

セールストークはお客様の声で

「このジーンズは風を通さないのに汗は発散する素材でできています。私も履いてみたらとっても暖かくてびっくりしました」

お客様は、販売員に心を許せばこちらの説明を素直に受け止めてくれますが、それまではそうそう簡単には販売員の言葉を信じません。

「どうせ、売りたいからいいように言っているんでしょ？」

こんな風に、穿《うが》った目で見ているのです。

しかし、これを販売員の言葉ではなく、お客様の声として伝えたらどうでしょう？

「このジーンズは風を通さないのに汗は発散する素材でできていて、普段バイクに乗っているお客様が、すごく暖かくて冬の通勤が楽になったっておっしゃっていました」

このように他のお客様が、いいと言っているものは信頼できるのです。

販売員が言っているのではなく、お客様が実際に言っているのだから真実味も湧きます。

ここでの会話のポイントはもうひとつ、実際に使った具体的事例を出して説明しているところでしょう。

単に暖かいだけでなく、「バイクで走っていても暖かい」というのは、イメージが湧きやすくなります。

売場では、お客様からたくさん質問を受けます。

「このセルタイプのメガネって、仕事でかけてもおかしくないですか?」

「そうですね。先日は市役所の窓口の仕事をされている方も、同じようなタイプのメガネを購入されましたから、特に規則とかが堅い会社でなければ、全然問題ないと思いますよ」

こう伝えれば、市役所の窓口担当の方がかけているなら、問題なさそうだと具体的にイメージできます。

販売する側の主観ではなく、**お客様側の立場で、お客様の声として伝える**のは、様々な会社でも行なわれています。

「お客様人気ランキング一位」
「読者が選んだベストコスメ」
「お客様満足度97％」

他にも、ホームページやPOPなどでもお客様の声をたくさん使っています。

売り手側からの売り込みの言葉を100個聞くより、お客様の言葉を数個でも聞いたほうが信憑性は高いのです。

ネット上の販売サイトでは、〝ユーザー評価〟や〝お客様コメント〟で溢れています。

消費者も目が肥えてきたので、こういったお客様の声を見て判断するようになりました。

お客様は、巧みなセールストークよりも、同じ立場のお客様の声を重視します。

販売の現場でも、そういったお客様の声を伝えることでセールストークの代わりになるのです。

「販売の仕事の方だけでなく、会社の社長様やコンサルタントの方、営業職の方までこの本を読んでいただいて、すごくためになったと言ってくださるのです」

私もこうやって、本書を読者の声と共に紹介すれば、まだ読んでいない方が「そんなによい本なら読んでみよう」と思ってくれるはずです。そんな声をたくさん寄せていただきたいと願っています。

専門家のあなたの意見は説得力がある

今日が初めての販売の現場だとしても、あなたはお客様から見ると専門家です。

販売員は、売り場に立ったその日からプロです。

私がメガネ販売の売り場に立って間もない頃、「このメガネとこのメガネ、どっちが似合うかしら?」と、40歳を過ぎたくらいと思われる女性のお客様に聞かれました。

まだ知識も経験もない私でしたが、わからないとは言えないので、お客様に2つのメガネをかけていただいて、感想を言いました。

「そうですね。女性らしくてかわいく見えるのはこちらのメガネで、清楚な感じに見えるのはこちらのメガネですね。お客様の好みでどちらでもお似合いですよ」

そうするとお客様は満面の笑みで、「そう、プロのあなたが言うのなら間違いないわね」と言って、2本とも購入されました。

私は単に見た目の感想を述べただけですが、お客様から見ると、プロが言っているのだからと、説得力が増すのです。

最近では、「研修中」と書いた名札をよく見ますが、「すみません。私はまだ素人なので、何もわからなくても許してください」という言い訳に聞こえて、いい感じはしません。

先日、携帯電話を買い替えようと携帯ショップで選んでいた時、制服を着た店員さんに声をかけられたので、質問をしました。

「この2つ、機能の違いって何ですか?」

店員さんは笑顔でしっかりと受け答えをしてくれて、とても感じがよく、説得力もあったので、買おうかな、と思いました。

しかし、胸に「研修中」という名札を発見。その途端、「あれっ? 研修中の新人なんだ。だったら言っていることが間違っているかも……」と不安になり、買うのをやめました。

お客様からすると、そういうものなのです。

制服をバシッと着て、笑顔でしっかりと受け答えをしていれば、プロだと思いますから、勝手に相手の言葉に説得力を感じるのです。ですから、逆に「研修中」という言い訳の名札は、マイナス要素に感じてしまいます。

売り場に立てば、もうあなたはプロです。

もちろん、わからないことをいい加減に答えてはいけませんが、堂々としっかり受け答えをすれば、お客様からの信頼は得られるのです。

もうベテランで、専門家として自信のある方はなおさらです。

自分では知っていて当たり前、ということでもお客様に伝えると、とても感心して信頼を寄せてくれます。知識をくどくどとひけらかすのは煙たがられますが、何かひとつでも知識として伝えてあげると好感度が増します。

メガネは、フレームの内側にいろいろな数字が書いてあるのですが、これはメガネの様々なサイズを表す数字になっています。その数字の意味を伝えると、お客様は「へぇー」となり、専門家からよい情報を教えてもらったと感じます。

専門家の言葉は、自分が思っている以上に説得力があります。これを活かさない手はありません。

お客様から信頼を得るというのは販売の仕事では欠かせないもの。

あなたはお客様から頼りにされるプロの販売員です。ぜひ、自信を持ってお客様に接してください。

迷った時は商品を見せずにイメージで選ぶ

「そうですね。女性らしくてかわいく見えるのはこちらのメガネで、清楚な感じに見えるのはこちらのメガネですね。お客様の好みでどちらでもお似合いですよ」

先ほど紹介したこのトーク。実は、専門家としての説得力の他にも、セールストークの技術と理論もたくさん詰まった言葉なのです。

お客様が、最終的に2つの商品で迷うという場面はよくあります。お客様が迷った時こそ販売員の腕の見せどころです。

しかし、**お客様が本当に迷った時は、商品を見せてはいけません。**

すでに散々商品を比べて、どちらも気に入っているのだから迷うのです。

「こちらは丸いフォルムがオシャレでサイドにラインストーンの装飾があって、こちらはスクエア型のフレームでマットな色がオシャレですよね」

「そうよね。どちらもオシャレでいいのよねー。んー、迷ってしまうなぁー」

となって、解決しません。

それ以上商品を見せて説明したところで、迷いはさらに深まるばかり。お客様は時間をかければかけるほど、ここで決断すると後悔するという気持ちになります。

「んー、もうちょっと考えてから来ます」

この言葉が出たら、ジ・エンド。次にお客様が戻ってくる保障はありません。気が変わって別の店で買い物をしているかもしれません。

迷った時は、できるだけ時間をかけずに決断してもらうことが大切です。

その秘訣が、商品を見せずに商品を選んでもらうことです。もう商品は十分見ていますから、後は、イメージを明確にして、どちらのイメージが好みかを選んでいただくのです。

ここで、最初のトークに戻ります。

「女性らしくてかわいい」、または「清楚なイメージ」というメガネをかけたあとのイメージを伝え、どちらのイメージになりたいかを選んでもらうことで、選ぶ基準を明確にしていきます。

どちらもオシャレで素敵だから迷っているのですから、どちらがオシャレか、どちらが素敵かで選んでも結論が出ないのです。

しかし、本当に大事なのは、どちらがオシャレか素敵かではなく、どういうイメージになりたいかのはずです。

これは、身に付けるものだけではありません。

テレビなどの電化製品でも、機能性だけでは選べない場合、その商品を買った後のイメージを伝えるのです。

「こちらのテレビは録画機能が付いているので、複雑な操作は必要なく、家族の誰でも気軽に扱えるファミリー向けです。そして、こちらは色や音声にこだわった映画好きの方におすすめで、外部機器なども接続して本格的に楽しむことができます」

このように、機能性だけでなく、使用するイメージを伝えることで、どちらを求めているかが明確になります。

「魅惑のポーカーフェイス」

「感性豊かに 表情豊かに 変幻自在のエンターテイナー」

「強く気高く美しく」

これは、某国民的アイドルグループの自己紹介に使うキャッチフレーズです。こうやってイメージを明確にし、メンバーの中で差別化を図り、ファンに覚えてもらうのです。

イメージを明確に。これは、様々な分野で使われている技です。

共感トークで同じ気持ちに

「んー、いいんだけど、ちょっと高いかなぁ」

欲しくて迷っている時に出るこの言葉、販売員なら額から一筋の汗が流れる瞬間です。

「いえいえ、お客様。決して高い買い物ではありませんよ」と言って、即座に「高い」というイメージを否定したいところですが、これは一番やってはダメなパターンです。

販売員からどれだけ正当なことを言われたとしても、自分の言ったことを否定されると、その時点でお客様は心の壁を閉ざしてしまいます。

お客様が「高い」と思ったのは、主観的な感覚からです。

プロの目から見ると、この素材、このデザインで利益率も高くないので非常に安くてお買い得と思っても、お客様はそこまで理解して判断していません。

それよりも、〝感情〟が優先するのです。

まず、あなたがすべきことは、そのお客様の感情に共感することです。

「そうですね、他の商品から比べると少しお高くなってしまいますよね」

こうやって、お客様の感情に共感してからプロとしてアドバイスするのです。

「少しお高くはなってしまうのですが、素材が非常にいいですし、色褪せも少なくてデザインも飽きがこないものなので、長く使っていただけますよ。結局はお買い得なものになると思います」

お客様は、「高い」とは思っても、その商品自体は気に入っています。しかし、自分ではなかなか決められない、高くてもお金を出すだけの理由や価値を求めているのです。あとは、背中を押すだけなのです。

こうした接客がよく見られるのは、宝飾品販売のプロです。「ご自身へのご褒美だと思って」「思い出と一緒に一生残るものですから」など、最後の一押しをして、お客様を納得させています。

私は電化製品が大好きで、よく家電量販店に行きます。

欲しい電化製品の新商品が出ると、発売直後に見に行くほどです。しかし、すぐには買わず、価格が安くなるまで少し待って、それでも欲しい気持ちが変わらなければ購入する、という手順で慎重に買い物をします。

ある時、店員さんから言われた言葉で、まだ買うつもりがなかった商品を思わず買ってしまったことがありました。

「この商品、前から気になっているんですけど、新商品だからまだ高いですよね。もう少し経ったら安くなりますかね？」

「そうですね。出たばかりですから、型落ちの商品と比べるとやはり高くなってしまいますね。少し待てばお安くはなると思いますが、その待っている間にこの商品を楽しめる価値と比べたら、待っている時間がもったいないですよ」

この言葉で、私は完全に落ちました。この店員さんはしっかり私の気持ちに共感をし、さらに、私がこの商品を気に入っていることを踏まえたうえで、安さよりも、待っている間に楽しむ価値のほうが高いと、欲しい気持ちに拍車をかけたのです。

共感トークは販売だけでなく、あらゆる場面で使えます。

落ち込んだ友人を励ます時も、元気に「大丈夫だって！　頑張って！」というよりも、まず相手の気持ちに共感して、「そっかー、それは辛いよね……」と、トーンを合わせたほうがよいのです。

好きな相手に気に入ってもらおうと思うと、必ず相手の話をよく聞いて、相手の話に共感しようとしますよね？　話に共感してくれる相手とは、もっと話をしたいと思いますから、恋も発展します。

お客様との会話も同じです。何よりもまず、相手に共感する。共感して気持ちが通じ合えば、信頼関係が生まれます。

そこから話をすれば、お客様もあなたの主張を受け入れてくれるはずです。

自尊心が高まると買いたくなるお客様

「相手を褒めよう」とは、よく聞くことですね。

しかし、単に褒めるだけではおべっかを使っていると見透かされてしまいます。相手を褒める時は、具体的に褒める必要があります。

私が投資用不動産の営業をやっていた頃は、お客様は経営者か資産家ばかりでした。

営業に行った時は、**商品の紹介よりもお客様との雑談を重視**していました。そこで、お客様の投資に対する考え方や、経営者としての考え方、今までの経営者としての成功話などを聞きました。

その雑談の中で、「経済の動向を見る目が優れている」「投資のセンスがある」「お金の使い方をよく知っている」といった具合に、お客様の投資に対する感性を褒めるのです。

もちろん、経営でも投資でも、それなりの経験がある方ばかりですし、それなりの自負もある方が多いので、悪い気はしません。

その後に、「今、投資家の中でも先を読む目が優れている方が注目しているのがこちらです」と商品を紹介すると、その商品を否定できなくなるのです。

このように自尊心を高めてからすすめると、お客様は気持ちよく買い物ができます。

この方法は、アパレルショップでもよく使われています。

「素敵なデニムを履いてらっしゃいますね。シルエットがきれいです」

「かわいいバッグですね！　お色がとても素敵です」

「お客様はスタイルがとてもよくて、うらやましいです」

こうやって具体的に褒められると嫌な気持ちはしません。

しかも、自分が気に入っている持ち物を、オシャレのプロである店員に褒められると自尊心が高まります。

「お客様のようにオシャレな方には、ぜひこの服を合わせていただきたい」なんて言われると、買わないと自分の自尊心に傷が付くぐらいに思ってしまうこともあります。

ただ、嘘はいけません。

素敵だと思わないものを素敵だと言ったり、相手が特にこだわってないものを褒めたりしても逆効果です。

お客様を褒める時は、身に付けているもので一番目立つもの、主張しているものを褒めるといいでしょう。

オンデーズはメガネ屋ですので、お客様がかけているメガネは必ず見ます。

高いメガネはすぐにわかりますから、「いいメガネをかけられていますね！」と言うと、「そうなのよ。結構高くて8万円はしたかしらね」と、価格まで教えてくださることがあります。それくらい、こだわったお客様ですから、無難で安いメガネをおすすめすると逆に失礼になるということがわかります。

お客様の持ち物は大切なメッセージです。

しっかりお客様を観察してお客様の自尊心を高め、よい提案をしてください。

お連れ様こそ販売のカギを握っている

ある時、ご主人様がメガネをつくるために検査をしている間、お連れの奥様は暇そうに待っているだけ、ということがありました。そこで、他のスタッフが話しかけます。

「今日はよい天気になってよかったですね」

「そうね、天気がよいと気分はいいけど、太陽がまぶしくてね」

こんな会話から話が膨らみ、結局、待っているだけの奥様も度が入ったサングラスを買われました。

帰り際には、「前からサングラスで度付きがあれば欲しいと思っていたのよね。こんなに安くできると思わなかったからよかったわ」と笑顔で帰られました。

お連れ様にしっかり声がけできているスタッフは少ないものです。

顧客のニーズはどこにあるかわかりません。

しかも、待っている間は暇ですし、どこかに行くこともできないので、コミュニケーションを取る大きなチャンスなのです。

暇な時間に相手をしてくれると、待っている時間もすぐに過ぎます。今回は買わなくても、店の印象がよければ次に買っていただけるチャンスは高まります。

また、買いたい本人より、購入主導権はお連れ様が握っている場合があります。

「いいよ、今買わなくても。もう行こうよ」

お連れ様にこう言われたらおしまいです。本人は買う気満々でも、仕方なしに店を後にします。自分が買わないもので、興味がないものに関しては、こうなるのも当然です。

これは、販売員がお連れ様を重要視せずに、買いたいと言っている本人とだけ話しているからです。

商品を選ぶ時は、お連れ様も巻き込んで一緒に選ぶのです。

会話も、買い物の主導権を握っている方に向かって進めなくてはいけません。

お子様の買い物は、両親に納得していただかないとダメですし、ご夫婦であれば、大抵は奥様のほうに主導権があります。

その場合、奥様を味方に付けないと買い物は進みません。買い物のカギは、お連れ様が握っていることを知っておいてください。

なまりがあるから売れる販売員

東京のショップとはいえ、東京出身の販売員は少ないもの。

私も大阪出身なので、家庭では関西弁バリバリになってしまいますが、仕事の現場では美しい標準語を目指して話をしています。

関西弁を使わない会話には、非常に苦労をしましたし、まったく気付かれなくなるまでは5年以上かかりました。

しかし、最近の若い販売員は、地方出身でもあまりなまりもなく話せる人が多いですね。

テレビなどで普段から標準語を聞いている影響でしょうか？

だからこそ、なまりがある販売員はそのなまりを非常に気にすることが多いようです。

オンデーズには茨城県出身のベテラン社員がいます。

「あの人の接客はすごい！」「販売員としてのお手本」と言われるスタッフです。

現在は、スーパーバイザーとして多くの店舗をまとめる管理職ですが、いまだに茨城なまりが抜けません。

見た目も人懐っこそうで、その風貌で茨城弁で接客するものですから、お客様もなんだか癒されて笑顔になってしまうのです。

東京での仕事もかなり長いので、なまりが抜けていてもおかしくないのですが、最近さらになまりが強くなったという噂もあるぐらいです。

これ、本人は認めていませんが、完全に自分の個性、キャラとしてなまりを利用しているのです。

「茨城出身なのね。東京に出てきて間もないんですか？」

「もう10年以上東京で仕事しているんですけど、なまりが抜けないんですよね」

「ハハハ！　なんだ、出てきたばかりだと思ったわよ。でもそのほうがいいわね」

こんな調子で、なまっているほうがお客様の受けがよいうえに、売り上げも上がるので、やはり意識的になまりを強めているのではと私は疑っています。本人も、都心部の店のほうがなまりの受けがよいと語っています。

小売業はリピーターが命です。

販売員の接客ひとつでお客様が店に再来店してくれるばかりか、他のお客様まで紹介してくれることもあるわけですから、親しみやすさを伝えられるなまりは宝物です。

相手に伝わらないようななまりは、さすがに直す必要がありますが、イントネーションがなまっている程度なら気にする必要はないでしょう。

地方から出てきたばかりでも自信を持ってお客様と話をしてください。

「あら？　あなたはどちらのご出身？」

こんな会話からお客様との接点が生まれて、親しく話すきっかけもつくれるかもしれません。なまりもひとつの個性として積極的に捉えましょう。

ダンドリ
●
4章

お客様を満足させて逃さない「ダンドリ・クロージング」

家電量販店の販売員が見せた脅威の「ダンドリ・クロージング」

この章からは、いよいよお客様が購入の意思決定をするためのクロージング術に入っていきます。段取りの中でも、特に重要なパートになります。

しかし、このクロージングができていない販売員がたくさんいます。そういった販売員は、お客様が「これください」と言うのを待つだけです。

お客様は「買おうかな？　高いかな？　もうちょっと考えようかな？　今じゃなくてもいいかな？」と、いろいろなことを頭の中で思い巡らせています。

しかし販売員は、肝心な一押しや、クロージングをせず、ただ黙ってお客様の決定を待っているだけ。店によっては沈黙こそが最高のクロージングだと教えているところもあるようです。

私も営業マン時代は、このクロージング、つまり最後の一押しが非常に苦手でした。

クロージングをすること自体が、お客様にとっても売り手にとっても大きなストレスになっているのは間違いありません。

そんな時に、私がおすすめする「ダンドリ・クロージング」を構築するきっかけとなった出来事がありました。

私はある家電量販店で、以前から欲しくてたまらなかったホームシアター用のトールスピーカーを見ていました。実はそれまでに何度も下見をしていて、ある程度商品も絞り、あとは本当にこの商品で間違いがないかを確かめたいという思いで店に行きました。

ただ、この日、この店で買うかどうかは決めておらず、納得できなければ買う必要はないと思っていました。

私が、しばらくそのスピーカーの音を確かめながら、スピーカーとにらめっこをしていた時に、ふと、店員さんから声をかけられました。

「お客様、このスピーカーは、同クラスのスピーカーの中では頭ひとつ抜けて、いい音が出ますよ」

「やっぱりそうですか。僕も一番輪郭がよい音だと思ったんですよ」

「さすが、よい耳をされていますね。同じクラスでは○○メーカーがあるのですが、技術的にもこちらのほうが上です。お値段は一緒ですが、ランクはひとつ上になりますので、間違いないですよ」

この店員さんはまず、客である私の選択が間違っていないと背中を押しました。

プロである店員から「耳がよい」「ランクがひとつ上」「間違いない」と言われると、オーディオ好きの私の自尊心はくすぐられ、うれしくなります。

私の満足げな表情を見逃さなかった店員さんは、技術的な説明を簡単にして私を納得させた後に、すかさず続けました。

「この商品は大変人気なので、今、在庫があるかどうかちょっと確かめてきましょう」

そう言って在庫を確かめにその場を離れました。

特にまだ買うとも買わないとも言ってないのですが、在庫がなければ、そもそもすぐには届かないので、確認するぐらいならいいかという気持ちでした。

すると、間もなく戻ってきた店員さんは、笑顔で言いました。

「お客様、在庫はございました。ただ、**週末は配送が非常に混んでしまうので、一応、配送状況を確かめておきましょうか？**」

在庫があってよかったとの安堵感がありましたが、配送状況も確かに気になります。

今度もすぐに店員さんは戻ってきました。

「お客様、土曜か日曜、どちらでしたらご自宅にいらっしゃいますか？」

「土曜なら一応、いますね」

「土曜でしたら、午前中の配送が可能ですが、午前中はいらっしゃいますか？」

「そうですね、午前中ならいますよ」

「わかりました、では、午前中で手配は可能です。お支払いは現金になりますか？　カードですか？」

「カードのほうがいいですね」

「分割か一括はどちらになさいますか？」

「一括で大丈夫です」

「かしこまりました、では、配送の手配を致しますので、ご住所の記入をお願いします」

「あ、はい」

「ご住所記入されている間に、お会計させていただきますので、カードをお預かりいたしますね」

カードを笑顔の店員さんに渡しながら、ふと、思いました。

「あれ？　僕は『買います』って言ったっけ？」

これが、「ダンドリ・クロージング」なのです。

買うか、買わないかのクロージングや、お客様が「これください」と言うまで何も言わずに待ちぼうけなんてことはしません。

買う前提で、段取りを次々に進めていき、その段取りに対して障害や問題がなければ、買わない理由がなくなるのです。

①商品は満足している
②お客様の選択を後押しする
③他社製品との比較や商品価値にも満足
④在庫があるかも確認、問題なし
⑤配送状況も問題なし
⑥受け取りも大丈夫
⑦会計方法も確認ずみ

もう購入に何も疑問の余地がありません。

段取りに乗せて、すべてOKなら、もうクロージングはいらないのです。段取りの確認そのものが購入の意思決定になり、クロージングになっています。

もし、この店員さんが、段取りを踏まずに、私の横に立ち、無言で私が買うのを待っていたとしたら、優柔不断な私は、「ちょっと考えてまた来ます」と店を離れていたでしょう。

あなたも、自社の商品を買っていただく過程を段取りにしてみましょう。

お客様が商品に満足をしていると思ったら、買う前提で段取りを進めていきます。

この家電量販店の店員さん。実は、在庫があるのも配送状況もすべて把握していたのではないかと私は思っています。

あえて再度確認をして、段取り手順を踏むことで、購入意思を明確にしたのでしょう。

「一本取られた!」と思いましたが、すべて納得ずみで購入したので、非常によい買い物ができたと満足しています。

買ったあとの未来の絵が描けていますか?

「買いたいけれど、ちょっと不安」。こういった場合は、買ったあとの姿がイメージできていないのです。

顧客心理として、買い物をする時には、その商品を買った後の自分がよいイメージになっているかどうかが重要です。

買ったあと、「未来の自分」が想像できない、もしくはよいイメージが持てない時には購入に至りません。


高級家具を扱う店の優秀な販売員は、未来の見せ方が非常に上手です。

ダイニングテーブルを買いに来たご夫婦に、テーブルの素材のよさやデザイナーの紹介をしてコミュニケーションをしっかり取った後に、このデザイナーズダイニングテーブルがある未来をしっかり想像させます。

「お客様のダイニングの間取りはどのようになっていますか？　窓はどちら側ですか？　ご家族は何名いらっしゃいますか？」

リビングとつながっている間取りと、どのように配置するかをヒアリングして、ご主人様を誘導します。

「ちなみに、ご主人様はいつも、どちら側に座られますか？　奥様はどちらですか？　では、ちょっと、こちらにどうぞ」

そういって、実際に座っているポジションに2人を連れて行きます。

「と、いうことは、朝はご主人様の左側の窓から朝日が降り注ぐわけですね。光を浴びると、この天然の一枚板の素材感がより際立ってとても爽やかな気分になりますよ」

この時点で、もう2人は、自宅にこのダイニングテーブルがあって、2人で朝食を食べている姿を想像しているでしょう。

「ダイニングテーブルは存在感もありますし、お部屋の中の素敵なインテリアになりますから、リビングでくつろいでいる時でも優雅な気持ちになりますよ」

「奥様がお友達を呼ばれてホームパーティーをされる時でも、ダイニングテーブルが素敵だとお料理も映えますし、お友達に自慢もできますね」

想像すればするほど2人とも顔がほころびます。

もう、このダイニングテーブルがない生活は考えられない！　早く、優雅で豊かなダイニングテーブルがある生活がしたい！　でも、お値段がちょっと張るかな……、と思った瞬間に店員さんの一押しです。

「よい家具は、お子様の代はもちろん、もっと先までお使いいただけます。分割でのお支払いも可能ですから、長い目で見ると非常に価値のあるお買い物だと思いますよ」

これで、買ったあとの未来もバラ色で、不安も解消。もう買わない理由が見つかりません。

あなたが扱う商品も、買ったあとの未来をより具体的に描ければ、お客様は買ったあとの自分を想像します。

あなたも、欲しい商品を買う時に、その商品を買って身に着けたり楽しんだりしている自分を想像してワクワクしますよね？

そのワクワクをお客様に与えてあげればいいのです。

買い物は最高に楽しい体験であり、ワクワクと気分が高揚するものです。

あなたの演出次第で、買い物も遊園地に行ったような気分と同じ、素敵なエンターテイメントになるのです。

3つの時間軸で絵を見せると欲しくなる

人の価値観は様々です。自分は安いと思っても、お客様にとっては高いと感じることもあります。

こんなに機能が進化して安くなったから、断然お買い得だと思っても、お客様にとっては使いにくいと思うこともあります。

価値観というのは、人それぞれの経験や比較するモノによって変わります。言い方を変えると、お客様はその商品が歩んできた歴史も過程も何も知らないので、本当の価値はわからないのです。

そこで、**お客様と価値観を共有するためには、その商品を3つの時間軸でしっかり描かせる**必要があります。

3つの時間軸とは、**「過去」「現在」「未来」**です。


アメリカの第44代大統領であるオバマ大統領は、選挙演説で3つの時間軸で自分をしっかりアピールしました。

アフリカ移民の父の下、幼少時代はいじめに遭ったり両親の離婚があったりと、過去の生い立ちを語り、そこからアフリカ系で3人目の民選上院議員として活動して現在に至るまでの話、そして自分の夢、未来のアメリカをしっかり語り、見事に3つの時間軸で自分自身をプレゼンしたのです。

過去、現在、未来と3つの時間軸で相手を知ると、親近感や私情が湧き、より理解をして応援をしたくなります。

もし、あなたに好きな相手ができたとしましょう。

相手のことを知りたいあなたは、子ども時代の話や、今はどんな仕事をしているのか？　将来はどんな人生を歩みたいのか？　聞きたくなると思います。

もし、その相手がまったく過去を語らないとか、今の仕事が何か教えてくれない、自分との未来を何も話をしてくれないなど、どれかひとつでも欠けていたらどうでしょう？　何か隠しているのか？　私との未来は想像できないのか？　など、不安な気持ちで我慢できなくなるはずです。

そもそも交際相手が、過去、現在、未来のどれかをまったく話さないとなると、それは何か怪しいと疑ったほうがいいでしょう。


商品を語る時も心理状態としては同じです。

例えばメガネを過去、現在、未来で語ると、その商品価値が明確になります。

「昔はメガネも高くて、平気で5万円以上していました。今でも、2万〜3万円は普通にかかるものが、当店では薄型レンズ込みで4780円から買えます。

メガネも手軽に買える時代になったので、オシャレを楽しむアイテムとして、気分や服装に合わせて何本も持っていると楽しいものです。今後、新作も続々出るので、お楽しみにしてください」

このように語ることで、商品価値をしっかり訴えるのです。

先日、家電量販店でビデオカメラを見ていた時もそうでした。数年前は20万円以上していたビデオカメラが、今ではフルハイビジョンのカメラで、安いものは5万円以下で買えてしまいます。

しかもコンパクトになり、機能性もアップしているので、過去を知っている者からすると驚くばかりです。

しかし、気を付けなくてはいけないのは、過去を知らないお客様です。テープを入れていた時代のビデオなんて知らない、ビデオは携帯でも撮れる世代にとっては、今のビデオカメラの性能は当たり前でしょう。

そういう場合は、過去を教えて、今がどれだけ恵まれているかを知ってもらわなくてはいけません。また、未来もしっかり見せないと納得はしません。

つまり、**お客様の世代によって3つの時間軸の見せ方は変わります。**

上の世代の方は、過去をしっかり語って、今のよさをアピールするとよいでしょう。

若い世代は、未来に比重を置いて話します。

3つの時間軸をうまく使って、商品の本当の価値をしっかり伝えましょう。

タイムスイッチでお買い得感を出す

お客様から言われると、ちょっと冷や汗をかいてしまう嫌なセリフがあります。

「んー、でも、ちょっと高いかなぁ」

これを言われると、今までの一所懸命な接客が水の泡……。

こういう時こそ、タイムスイッチを使います。ここでいうタイムスイッチとは、**時間の間隔を延ばすことで、時間当たりの単価を安く見せてあげる手法**のことです。

わかりやすく言うと、6万円の買い物をしたとしても、その商品を1年間使うと考えれば、1ヶ月5000円になります。2年かけて使うと考えれば、1ヶ月当たり2500円になります。

こうやって時間を延ばしていくと、1ヶ月当たりの金額は安くなります。分割払いでも、回数を増やすと月々払いが安くなりますので、実際にかかる商品代金は変わりませんが、安く買える感覚になります。

この手法を使って、高いものを安く見せている商品のひとつには携帯電話があります。今、携帯電話の機種代金は結構高いですよね。しかし、ほとんどの人は機種代金を月々の通信料金と合わせて分割で払うことで、安く携帯を手に入れる感覚になっています。

あなたの扱う商品を、勝手に分割払いにすることはできないでしょう。しかし、実際に分割払いや2年間かけて支払う仕組みをつくらなくても、お買い得感は演出できます。

冒頭で述べた嫌な言葉、「んー、でも、ちょっと高いかなぁ」。この言葉が出たら、「よし、きた！」と笑顔で受け止めましょう。

「そうですね、確かに他の商品に比べますと少しお高くなりますね。ただ、素材もよく、デザインも洗練された上に飽きのこないものなので、長くお使いいただけます。最近は流行も早く、1、2年で使えなくなるものも多いですが、これは長く使えますので、結局はお安い買い物になると思いますよ」

通常の商品より長く使えるというのは、月単位で割ると安い買い物になります。

こうやって時間を延ばすことで、お買い得感を訴えることができます。

タイムスイッチは、時間を延ばすだけではありません。時間の捉え方を変えるということも有効です。

前章で、家電量販店の店員さんの絶妙トークをご紹介しました。

私が、「これは新商品だからまだ高いですよね。もう少し経ったら安くなりますかね？」と聞いた時の回答です。

「そうですね、少し待てばお安くはなると思いますが、**その待っている間にこの商品を楽しめる価値と比べたら、待っている時間がもったいないですよ**」

この説明は目から鱗でした。

確かに待っている間の時間がもったいないと思い、今買う価値のほうが高くなりました。

時間の捉え方を変えるだけで、高いモノが安く見えるのです。「高いかなぁ」と言われたら、自信を持って笑顔で受け止めて、タイムスイッチの説明をしてください。お客様も価値観が変わるはずです。

10万円のカメラより15万円のカメラのほうが安く見える

「無茶を言っちゃあいけないよ！　10万円より15万円のほうが高いに決まってるじゃないか！」

読者のあなたが、そうやって疑ってくればくるだけ、私はやる気になります。勘のよい方は気付いているかもしれませんが、この章ですでに書いた内容を実践すれば可能なのです。

では、具体的にどうやったら10万円のカメラより15万円のカメラのほうが安く見えるのでしょうか。実際に一緒に考えていきましょう。

【問題】

定年退職を迎え、趣味のカメラのために、今まで使用していた35㎜フィルム一眼レフカメラから、初めてデジタル一眼レフカメラに買い替えに来たAさんへの接客です。

Aさんは10万円でレンズも付いている初級者用のお手頃カメラを買うつもりでいます。

ひとつ上の機種は15万円しますが、機能は充実しています。では、お客様であるAさんが、自ら上位機種が欲しくなるようなセールストークを考えてください。

〈10万円のカメラの内容〉
レンズ・本体セット価格10万円（本体7万円、レンズ4万円）
1200万画素、連射撮影3コマ／秒、撮影感度ISO100〜1600、自動ごみ取り機能付

〈15万円のカメラの内容〉
レンズ・本体セット価格15万円（本体11万円、レンズ7万円）
1200万画素、連射撮影7コマ／秒、撮影感度ISO100〜3200、手振れ補正機能、自動ごみ取り機能付

「お客様が自ら欲しくなる」という点がポイントです。

どのようにすれば高い機種が欲しくなるのか、整理をしながら考えていきましょう。

まず、お客様の本当のニーズを探るにはヒアリングが大切です。

ヒアリングの際に気を付けるのは、お客様の表面上のニーズではなく、潜在的な目的をしっ

かり探ることです。

まずは、**予算を探りましょう。**

大学生が、アルバイトでやっと貯めた10万円を握りしめて買いに来ていたとしたら、上位機種は手が届きません。しかし、Aさんは定年退職を迎えて、これからは趣味にもっと時間もお金も使える方ではないでしょうか？

よってAさんの購入条件である10万円という予算は、必ずしも絶対条件にはなりません。

次に、Aさんが求めているカメラは、本当にAさんに適していると言えるかどうかです。

Aさんはデジタル一眼レフは初めてですが、趣味でアナログの一眼レフは使っているのです。

つまり、カメラの扱いは初心者ではありません。

よって、初級者用のカメラだとカメラの機能や扱いに満足できないかもしれません。しかも定年退職をして、趣味に使う時間も増えるので、もっとカメラを追求したくなるでしょう。

これらを考えたうえで、このようにセールストークができるでしょう。

「お客様のように、趣味でカメラを使われている方ですと、初級者用だと満足できなくなって結局上位機種のカメラが欲しくなるという方も多いんですよ。もし、満足できなくなって上位機種に買い替えるなら、最初から機能が充実している上位機種のカメラを買われたほうが結局は安くつきますよ」

こうやって上位機種をすすめると、高いと思っていた上位機種も魅力的に見えてきます。

自分では気付いていなかった本当のニーズも確認できるのです。

さらに、連射機能が付いているとお孫さんの表情も逃さないとか、感度も高いので夜景もきれいに撮れるなど、お客様が気付いていなかった新たなニーズを提案するともっと欲しくなります。

セット価格にした時に割引率が高くなることや、レンズの価格が高い分、レンズ性能もよく、カメラはレンズによって奥行きがまったく変わることなど、専門的な説明があれば納得です。

このようにお客様の潜在ニーズを引き出し、最初から上位機種をお持ちのほうが結局は安くついて、将来的にも長く使える機種であることを訴えると、「高い」というイメージから「お買い得」だと感じるのです。

YESセットでお客様に納得してもらう

「YESセット」とは心理学の用語でもあり、営業トークのノウハウでもよく使われる言葉です。販売員にとっても非常に重要で、お客様との良好なコミュニケーションや信頼を得るのに役立ちます。

これは、**人はYESを積み重ねると、心理的に最後にNOとは言いにくくなる**という技法です。

例えば、お客様と会話を交わす時も、最初はYESと答えやすい会話を振るといいのです。「今日は天気がいいですね？」など、天気の会話は常套手段です。この会話に対してNOという人は恐らくいないでしょう。

前項のカメラの販売でも、YESセットを使って会話をすると、こちらが一方的におすすめしている感じにはなりません。

「趣味で一眼レフを使われていたのであれば、カメラの扱い自体は慣れてらっしゃいますよね?」

「まぁ、そうだね」

「これからは、もっとカメラを触る機会が増えるのではないでしょうか?」

「そうだね。退職したら、趣味に時間がいっぱい使えるからね」

「そうすると、カメラも今まで以上に追求できますよね?」

「ええ、いろいろ撮りたいものもあるからね」

「では、これから楽しみですね」

「そうだね」

このように、YESをたくさん言ってもらう会話を続けると、良好なコミュニケーションができるうえに、YESを繰り返した分だけ、購入する段階になって最後にNOと反論しにくくなるのです。

これは、販売の現場だけでなく、どのような場面でも有効な会話の方法です。相手に何度も同意をもらうことで、心理的な壁が取り払われます。そのうえでお客様との信頼関係が生まれ、購入へとつながるのです。

プライベートでも、何か買って欲しい時や要求を通したい時は、YESをたくさん引き出す会話をした後で、「じゃあ、これ買ってくれる?」と言えば、通りやすくなるでしょう。

それでもダメな場合は、YESセットが悪いのではなく、その要求があまりにも無茶なのかもしれませんね。

オープンクエスチョンでニーズを明確に

YESセットのように、「YES・NO」で答えられるような質問を、「クローズドクエスチョン」と言います。

2択で答えればよく、最初の段階では、簡単に会話が成立するので有効です。

しかし、クローズドクエスチョンだけでは、会話が広がりません。そこで、次に「オープンクエスチョン」で会話を広げていきます。

これは、YES・NOだけでは答えられないような質問方法になります。よって、相手は短い答えではなく、しっかりと文章で答えなくてはいけなくなりますので、会話が広がっていくのです。

オンデーズでもお客様との会話を広げるきっかけとして、オープンクエスチョンを有効活用しています。

例えば、販売員がよく使う言葉として、「何かお探しのものございますか？」がありますが、これはクローズドクエスチョンですから、「いや、べつに」とそっけなく言われたら、もう何も質問できません。

ここでオープンクエスチョンを使います。

「どのようなメガネをお探しですか？」

こう聞かれると、YES・NOだけでは答えられません。

「何かお探しのものはございますか？」と同じような意味ですが、聞き方でオープンクエスチョンになるのです。

オープンクエスチョンにするコツは、5W1H（When・Where・Who・What・Why・How）で聞くことです。

「東京にお住まいですか？」ではなく、「どちらに（Where）お住まいですか」だとオープンクエスチョンになります。

例えば、野球のヒーローインタビューでも、YES・NOで答えられる質問だと会話が続きません。

「内角低めの難しい球でしたが、コンパクトに腕を畳んで見事にミートしましたね？」

「はい」

「スタンドに入った瞬間にガッツポーズが出ていましたが、うれしかったですか？」

「そうですね」

これでは、インタビュアーの一人芝居になってしまいます。

これをオープンクエスチョンに直すと、

「難しいコースに見えましたが、どんな球でしたか？」

「内角低めの直球だったのですが、自然とコンパクトに振り抜けましたね」

「スタンドに入った瞬間はどういう気持ちでしたか？」

「うれしくて思わずガッツポーズが出てしまいました。最高に気持ちよかったです」

オープンクエスチョンで質問をすると、相手がどんどんしゃべってくれますから、相手の気持ちもわかりやすくなります。

お客様との会話でも、気持ちがわかることでニーズが明確になりますし、提案もしやすくなるのです。

ただ、まだ相手とのコミュニケーションがあまり取れていないのに、いきなりオープンクエスチョンに入ると少し重たく感じます。

初めてのデートでいきなり、「私のことどう思ってる?」と聞かれたら、ちょっと重いですよね?

そういう場合は、YESセットをたくさん使ってコミュニケーションを取った後で、じっくり聞いてください。

買うお客様と買わないお客様の見分け方

販売員が悩む大きな要因のひとつに、〝お客様に逃げられてしまう〟ことがあります。

研修や朝礼で、声がけを徹底しましょう! ファーストアプローチは100%実施しましょう! と言うと、スタッフから必ず言われる言葉があります。

「でも、声をかけたら逃げられてしまうので……」

「あまり声をかけて欲しくないお客様もいるので……」

これは誰もが経験することだと思います。

声をかけて、嫌な顔をされたり、声をかけた瞬間にスッと逃げられてしまうと、むなしい気持ちになります。

しかし、何も気にしなくていいのです。

逃げるお客様は、「今」買わないお客様です。もちろん、店頭の商品に興味を示している場合は、気になっていることに変わりはないかもしれませんが、特に「今欲しい」という段階ではないのです。

ですから、声をかけて逃げてしまうお客様は、声をかけてもかけなくても「今、買うつもりがない」お客様ですから、何も気にしなくていいでしょう。

声をかけてすぐに逃げるお客様はわかりやすいのですが、一方で、ずっと店内にいるのに買う気がないお客様もいます。

買う気があったけれど、接客に不満を感じて買わずに出ていくお客様もいらっしゃいます。

これは、販売員に問題がありますが、店内にお客様がたくさんいて混んでいる場合は、できるだけ「買うつもりがない」お客様よりも、「買うつもりがある」お客様にしっかり接客したいものです。そのほうが、購入率は確実に上がります。

しかし、声をかけて逃げるわけでもないお客様が、「買うお客様」か「買わないお客様」か見分けるのは至難の業です。中には時間潰しや買うつもりはないけど、何となく見ているお客様もいらっしゃいます。

買うお客様を見分けるには、やはりオープンクエスチョンをしてみることです。

その際に、「あ、いや、別に」とか、「あー、はい」「大丈夫です」などと答えが曖昧になる場合は、それ以上突っ込んでも無理です。質問をした段階では買うつもりはあまりありません。

こういったお客様は、しばらくそっとしておきましょう。

ただし、こういう答えが返ってきても、今の段階では買うつもりがないだけで、商品を見ているうちに購買意欲が湧いてくることもありますので、買わないと決め付けるのは禁物です。

買うつもりがあるお客様は、オープンクエスチョンをした際に、答えが明確になります。

「どういった時に使われますか?」

「普段、シンプルで真面目なタイプは持っているんだけど、これだとプライベートでは堅いって言われて、カジュアルな感じのものを探しているんです」

このように、オープンクエスチョンに対して明確に答えが返ってくる場合は、具体的に探している証拠です。

こうやって同じお客様でも、「今」どのように接客すべきかがわかれば、効率のよい接客ができるうえに、確実に購入率を上げ、お客様の回転率も上げることができます。

オープンクエスチョンはお客様の心を覗く魔法の質問なのです。

限定トークで「今、買う」理由をつくる

買いたいのに決断ができない優柔不断なお客様もいらっしゃいます。

そういうお客様には背中をちゃんと押してあげないと決断ができませんし、売り逃しになってしまいます。

そこで、「限定トーク」を有効的に使いましょう。この限定トークは、テレビの通販番組

でよく使われています。

「今なら、期間限定で特典が付いてくる！」

「限定100セットのみ、ご用意いたしました」

「受付のお電話は、今から30分のみです」

「このお値段で提供できるのは今回限り」

「おひとり様3セットまで」


いずれも、聞き覚えがあるフレーズではないでしょうか。

家電量販店でも、「今週の特別提供品」「○日までの特別価格」「本日までポイント還元プラス5%」などなど。アパレルショップでは、「人気の商品でもう最後の1着なんです」「このサイズは最後ですから、来週にはなくなってしまいます」「今日、再入荷したばかりですが、人気の商品なのですぐになくなってしまいます」と、お客様に直接、限定トークをしています。

私が不動産の営業をしていた時も、限定トークは重宝しました。高い買い物ですから、お客様は最後の最後、決断するのには勇気がいるものです。

「この物件は今、他のお客様も検討されていまして、来週水曜には銀行の審査が下りますから、それまででしたら、お客様最優先で購入できます」

こうやって、**購入の期限を設けることで決断のきっかけをつくる**のです。

額は小さくても期限を設けることによって決断を促すのは大切です。

「もし、お悩みでしたら、商品がなくならないように取り置きをしておきましょうか？　1週間以内であれば取り置き可能ですよ」

こうやって、お客様のために商品を確保して差し上げるのです。

日本人は律儀ですから、期限を切って取り置きをしておくと、ほとんどのお客様が戻ってきてくれます。

アパレル業界のベテラン販売員は、お客様の心理を非常によくわかっています。

コートを買おうと悩んでいるお客様が、お気に入りのコートを見つけたのですが、優柔不断で決められません。

他のショップも見てみたいと言ったお客様に対して笑顔で答えます。

「では、ゆっくりご覧になって来てください。このコートは人気なので、なくならないように17時まではお客様のために裏に置いておきますね」

こうやってお客様のためだけに取り置くという心遣いをすると、大抵のお客様は、「他も見て来たけど、やっぱりこれが一番よかったわ」と、晴れ晴れとした表情で戻って来てくれるそうです。

別に取り置かなくても他のお客様に売れないかもしれませんし、在庫もたっぷりあるかもしれません。

しかし、あえて、そこはお客様のためだけに取り置くという行為が大切なのです。

取り置きをしておくと言われなかったら、他の店を見に行った手前、ちょっと気まずくて戻るのを躊躇します。

もう売れてしまったかもしれないし、今さら戻るのも恥ずかしいし……などと、いろいろ考えてしまいます。

自分のために取り置いてくれているとなると、戻ってくることが前提ですから戻りやすくなります。

このように限定トークを駆使して、お客様の背中をしっかり優しく押してあげましょう。

お客様の逃げ道をちゃんとつくっておく

接客技術、販売技術がある人ほど、危険な罠に陥ることがあります。

あまりにも、「ダンドリ・クロージング」がうまいがゆえに、お客様の逃げ道をまったくつくらずに、「買わない」と言わせない空気をつくり、**お客様が買わざるを得ない状況にして、結果的に「買わされてしまった」と思わせてしまう**ことです。

こういう販売員は、売るのがうまいですから、一見、売り上げをしっかり上げているように見えます。

しかし、「買わされてしまった」と思っているお客様は、「残念ながら今回は買ってしまったけれど、もう二度とあの店には行かない」と思っています。

店にとって大事なのは、新規顧客と同様に、リピーターや紹介、口コミのお客様を増やすことです。

無理やり売ったり、逃げ道をつくらずに販売していると、知らないうちにリピーターや紹介客を失うので、店舗の売り上げが最初は上がっても、徐々に減っていくのです。

評判がよい店は、新規顧客以外のお客様に支えられています。

どんな状況でもこういった無理な販売、逃げ道をつくらずに追い込む方法は本末転倒です。

「ダンドリ販売術」の目的は、お客様が「満足して喜んで買ってくれる」ことです。

そのためには、お客様の逃げ道もしっかりつくっておくことです。「満足や納得がいかないなら買わなくてもいいですよ」という状況もつくってあげることで、お客様は買わなければいけないプレッシャーから解放され、その時は買わなくても、また店に戻ってきてくれるでしょう。

買わなければいけないプレッシャーをつくると、その場からやっと逃げたお客様は、次は絶対に買わされてしまうと思い、その店には近づきたくないと思うのです。

「んー、どうしようかな？　かわいいんだけど、ちょっとイメージと違うかも」

前向きに悩んでいるのではなく、後ろ向きに悩んでいることがわかった時は、逃げ道をつくってあげます。

「じっくり悩んで納得して買われたほうがいいですよ。来週ちょうど新色も入ってきますから、いろいろ比べてみてはいかがですか？」

このような提案をすれば、お客様は自分の気持ちになって考えてくれていると思い、安心してまた店に来てくれるのです。

先日、私が接客したお客様は、商品を見て悩んでいたのですが、「実は、今日引っ越してきたばかりで、日用品とかいろいろ買わなくてはいけないから時間がないんですよ」と話をしてくれました。

お客様の事情を汲んで、「それは大変ですね。では、ゆっくりメガネを選ぶお時間はないですね」と笑って答えて、「また落ち着いたらいらしてくださいね」とお見送りしました。

私は必ず戻ってきてくれると確信をしていましたが、なんと驚くことに30分も経たずに店に戻ってきてくれました。

「あれ？　どうかされましたか？」

「いや、やっぱりさっきのメガネが気になって、新生活で心機一転、新しいメガネもいいかなと思って」

こうやって、お客様とのつながりを感じることができるとうれしいですね。

お客様が変なプレッシャーを感じずに買い物ができるというのも非常に大切な要素です。

ダンドリ ● 5章

お客様から愛されて
リピーターをつくる

お客様の感動はどうやってつくり出すのか？

「ダンドリ販売術」には、リピーターづくりも含まれます。「顧客満足」とよく言いますが、最近では満足だけでお客様は戻ってきません。満足をするのはもう当たり前です。

そこで**「顧客〝感動〟満足」**を生み出すことが、リピーターづくりに大切になっています。満足の上に〝感動〟を生み出すのです。

お客様から「もう一度この店に来たい！」と思ってもらうためには、何か強烈なインパクトを与えなくてはいけません。

あなたが、どこかの店に行き、「また来たい」と思うのはどういう時ですか？　しかし実際は、一度行ったけど、もう行かない店のほうが多いはずです。

こんな調査結果があります。お客様に、「次もこの店を利用しますか？」と聞いて、NOを選んだお客様に、行こうと思わない理由を聞きました。

一番多い答えは何だと思いますか？　私もいつも研修時に、スタッフに向けて質問していますが、おおよそ次のような答えが返ってきます。

「スタッフの態度が悪かったから」

「商品がよくなかったから」

「店が汚くて嫌だった」

確かに、このような理由でも次に来たくないと思うでしょう。

しかし、一番多い理由は、なんと……、

「特に理由はない」

という答えなのです。

特にスタッフの態度が悪いというわけでもなく、商品もそんなに悪くはない、店も清潔で汚いというわけでもない。

だったら、なぜ次に行きたいと思わないのでしょうか？

それは、答えの通り、**特に次に行きたいと思う要素が何もなかったから**なのです。

悪くないけど印象にも残らないから、次に行きたいと思う特別な要素がないのです。


あなたも、何も印象に残らない店にまた行きたいとは思わないでしょう。

だからこそ〝感動〟満足が必要なのです。お客様は感動をすれば、記憶に残り、次も行きたいと思います。

とは言っても「お客様を感動させるなんて、どんなことをすればいいの？」と困惑してしまうでしょう。

でも、安心してください。いきなりバラの花束をプレゼントしたり、変装をしてお客様を驚かせたりしなくても、感動を与えることはできます。

オンデーズのお客様アンケートでも、実は、何気ないスタッフの気遣いでお客様は感動をして、またこの店に来たいと思っていただいている事実が浮かび上がっています。

ここで、お客様アンケートから感動レベルの評価をいただいた声を抜粋して紹介します。

入店時、すぐに気付いてくださり、「いらっしゃいませ」の声も大きく好印象でした。店内で、すぐに等身大の大きな鏡を持ってきてくださり、「よろしければこちらをどうぞお使いください」という声をかけていただきました。表情も笑顔でよかったです。清潔感もあり、とても気持ちのよい接客でした。

視力測定をすすめてくださったことで、会話も増え、スタッフさんへの親しみも増して、再来店の気持ちが高まるように思いました。また、その視力測定のすすめ方も、無理強いはまったくありませんでした。1回はご遠慮しますと、「お時間ありませんか？」と気遣ってくださったので、遠慮はしなくしていいんだという気持ちになりました。上手なすすめ方だなと感じました。

○○さんというおしゃれなスタッフさんが、笑顔で元気よくあいさつしてくださいました。何か作業されていたと思うのですが、作業を中断して私の顔を見てあいさつしていただいたので、「よーし！ 自分に似合うメガネを探すぞ！」と、なんだか購買意欲が湧きました。迎えていただいたと感じられ、うれしかったです。

どのアンケートの声も、スタッフのちょっとした気遣いやお客様に対する思いやりに対する感動の声なのです。

何も特別なことをしなくても、お客様が気持ちよくなるような心遣い、気遣い、思いやりがあると、お客様は心地よくなり「また来たい」と思うのです。

そうです。顧客〝感動〟満足を生み出すのは、あなたのちょっとした気遣いなのです。

「できる販売員」になるよりも好感度が大事

ちょっとドジで、要領もあまりよくなく、できる販売員ではないけれど、ものすごく売るスタッフがいます。

反対に、頭もよくて要領もよく、知識も豊富でとても頑張っているのに、なかなか販売につながらないスタッフもいます。

この違いは、**「好感度」**です。

アナウンサーや芸能人に必要な要素として、一番にあげられるほど大切なものです。どれだけ美人でも男前でも、好感度が低いと人気は出ません。逆に、それほど美人でなくても、男前でなくても好感度が非常に高い人は人気が衰えません。

人気絶頂のアイドルグループでも、よく見るとそんなにかわいくも美人でもないのに、人気が高い人がいますよね？　これこそ、ファンに愛される好感度の高さなのです。

私は、残念ながらそれほど男前でもありません。どちらかというと、最近はおっさん丸出しです。

それでも、親身になって、フレンドリーに接客をしていると、お客様は信頼をして笑顔で受け答えをしてくれるようになり、気持ちよく買い物をしてくださいます。

できる販売員は隙もなく、完璧に仕事をこなしているというイメージがありますが、お客様からすると隙のない販売員は手強い相手に見え、拒絶につながることもあります。

好感度を上げるのに必要なのは、完璧さではありません。

人が他人に感情移入をし、いい人だなぁと思う瞬間のひとつに、その人の弱さを見た時があります。

恋愛や結婚相手も、距離が縮まるきっかけは、悩みを相談している時や、自分や相手が落ち込んでいる時など、弱さを見つけた時です。

人の心理とは面白いもので、完璧な姿を見た時よりも完璧でない姿に惚れるのです。

それを、販売員に当てはめると、この3段階になります。

①笑顔で相手の目を見て話をする
②お客様の立場に立ってしっかり気遣いができる
③完璧さではなく抜けた部分も見せる

「私は完璧じゃないから……」というあなたも自信を持ってよいのです。

完璧ではないほうが好感度を上げられる可能性は高く、その弱さが親近感や愛される要素にもなり得るのです。

もちろん、仕事に関わることに関しては信頼されるようにしっかり答えます。

しかし、それ以外の雑談では、抜けた自分を見せていいのです。

私も、いろいろなエピソードを話します。メガネをかけたまま顔を洗ってしまったとか、駅の階段で転びそうになったとか、買い物の時に優柔不断でなかなか選べないという話をすると、お客様も笑って安心します。

ぜひ、完璧を目指すのではなく、好感度の高さを目指しましょう。

しゃべりが苦手でも売る販売員

販売の仕事をするにあたって、「私はしゃべりが苦手だから売れない……」と思っているとしたら、大きな間違いです。

口ベタなトップセールスマンがいるように、しゃべりが上手でなくても売る販売員はたくさんいます。

口ベタを活かして質問上手になれば、口ベタをまったく気にすることはありません。自分から話したくなければ、短い質問をして、お客様にしゃべっていただけばいいのです。

逆に、マシンガンのように、お客様にしゃべる隙を与えず一方的に話をするほうが問題です。なぜなら、お客様はあなたの話を聞きに店に足を運んでいるのではないからです。

コミュニケーションも、話し上手より聞き上手のほうがうまくいきます。営業や販売の世界で大事なのは「ヒアリング」です。

売れない販売員は、ヒアリングもしないで、自分のおすすめ商品を長々と説明します。しかし、まったく興味のないお客様にとっては、迷惑なだけです。

まずは、ヒアリング＝聞き方を覚えれば、あなたが口ベタでも、お客様が勝手にしゃべってくれます。

あなたは、そのお客様の話に笑顔で相槌を打ち、短い質問をさらに投げかけてあげればいいだけです。

お客様は、自分が欲しいものに対して後悔をしたくありません。自分のニーズに合った商品を間違いなく手に入れたいと思っています。

ですから、最初は壁をつくっていてなかなか話をしないお客様も、壁がなくなると、どんどん自分のニーズを話してくれます。


相手に話してもらう質問のポイントは、前章でも述べたオープンクエスチョンです。YES・NOだけでは答えられない質問をすればいいのです。

「どんなタイプのファッションがお好きですか？」

こう質問すると、ファッションの趣味について話が膨らみます。

しかし、「普段も今日のようなカジュアルが多いですか？」と質問すると、「はい」だけで会話が終わる可能性があります。

接客におけるオープンクエスチョンはパターンがある程度決められます。ワンパターンの質問でも十分に会話は広がりますので、まず3つ、自分のお決まりの質問を用意してみましょう。


また、お客様との会話を広げるには、**お客様が話をした内容について、さらに突っ込んだ質問をすればいい**のです。

「どんなタイプのファッションがお好きですか？」
「普段はカジュアルな感じが多いですね」
「よく着られるブランドや、色は何ですか？」
「ブランドはこだわっていないですけど、デニムが好きなので、大体デニムに合わせて服も選びますね」

と、深く掘り下げていくと、より具体的なニーズが引き出せます。

前述した共感トークを使って、「私は、あなたの話に興味がありますよ」という姿勢を見せれば、お客様のほうから話をしてくれます。

自分がしゃべるのは、十分相手の話を聞いてから。お客様のニーズを詳しく把握できれば、後は、お客様の目的に合った的確なアドバイスをするだけです。

これで、顧客満足度も大きくアップします。

新人の販売員は、「お客様は話しかけられるのが嫌だ」と思い込みがちですが、最初は誰だって初対面の相手とは話しにくいものです。

しかし、聞き上手な相手だと、途端に壁がなくなり、話し出すものです。

世の中の多くの人は話し好きですから、あなたが口ベタでも大丈夫。

お客様が口べタな場合は、似た者同士ですから相手も安心して話をしてくれます。どちらかというと、気を付けたいのはしゃべり好きの販売員です。口べタなお客様は「あー、苦手だなぁ」と思いますから、気を付けましょうね。

言葉よりも伝わるあなたの笑顔

コミュニケーションには、「バーバルコミュニケーション（言葉によるコミュニケーション）」と「ノンバーバルコミュニケーション（言葉を使わないコミュニケーション）」がありますが、後者のほうが、直感的に相手に感情が伝わることがあります。

いくら言葉で、「素敵ですね。お似合いです」と言っても、目が笑っていなかったら「お世辞かな」「売りたいから言っているだけだろう」と思ってしまいます。

安っぽい言葉よりも、あなたの表情のほうが感情は伝わるのです。

特に、店内にお客様が多く、一人ひとり丁寧に接客できない時も、この笑顔は有効です。すれ違い様の笑顔での会釈、お客様が手に取っているものや試着しているものを見て、笑顔で軽くうなずくだけでも、お客様からすると、「私に気を遣ってくれている」「私が選んだものは間違いないかも」と思うものです。

逆に、気に入って買おうかな？　と思っていても、その姿を見て眉をひそめられると途端に不安になってしまいます。

売れっ子販売員は、鏡越しの笑顔を有効的に使います。

鏡を見てメガネを試着しているお客様の後を通る時に、さりげなく鏡をちらっと見て、鏡越しに「似合っていますよ」というメッセージを投げかけるように、微笑みながら軽くうなずきます。これだけで、お客様の商品選びが楽しくなるのです。

また、べったりした接客を嫌う人でも、まったく関心を持たれずに放っておかれると嫌なものです。

さりげないノンバーバルコミュニケーションを取ることで、お客様のことを気にかけているというメッセージも伝わりますし、お客様を尊重している態度も伝わるのです。

このノンバーバルコミュニケーションは、お客様からも発しています。

「質問したいけど、聞きづらいなぁ」という時には、店内をキョロキョロと見渡したり、店員のほうをチラチラ見たりします。

どちらの商品か迷っているお客様も、「どっちもいいけど迷うなぁ」と言いながら、心の中ではどちらかの商品に気持ちが傾いているものです。

一方の商品を手に取る回数が多かったり、長く手に取ったり、じっと見ていたりすると、そちらのほうが気になっている証拠です。

そういった時は、お客様が気になっているほうを押すと決断が早くなります。

「気に入ってるんだけど……」と言いながら値札を見ている場合は、予算に合わないので悩んでいたり、「ちょっと高いけどどうしようかな?」と迷っている時です。

「お値段は少し張りますが、素材がよいので長持ちしますし、さらに飽きがこないデザインです。長い目で見れば、非常にお買い得だと思います」と背中を押す必要があるでしょう。

お客様の言葉をそのまま捉えるのではなく、表情や仕草をしっかり観察して、お客様の本当の気持ちを探るのが大切です。

お客様が迷って決断できない時も、あなたの笑顔が有効です。

迷っている時は不安なのです。**笑顔でお客様に「大丈夫ですよ」「間違いないですよ」とサインを送れば安心するものです。**

笑顔は何よりものメッセージです。あなたのその笑顔が、お客様の買い物の楽しみが増す魔法なのです。

リアクションでわかる売れる販売員

私が店へ巡回に行くと、スタッフはもちろん張りきって仕事をしています。

ダラダラと仕事をしている所は見せるわけがありません。しかし、一所懸命に頑張っているように見せても、普段からできていないと、どうしてもバレてしまうことがあります。

それが「反射神経」です。

残念ながら、その場だけ繕っても、**反射神経だけは普段からやっていないと鍛えられません。**私は、販売員のリアクションを見て、売れる販売員か売れていない販売員かを見分けていました。

売れる販売員は、お客様に対して非常に敏感です。

店内にお客様が入店されたらいち早く気付き、「いらっしゃいませ」と声をかけます。私が巡回に行く時も、売れる販売員は、私を確認する前に「いらっしゃいませ」という言葉が先に出ます。

また、打ち合わせなどで、話をしている時も、お客様の気配や動きを感じたらすぐに反応をします。

私と話をしている時も常に店頭に気を配り、お客様の動きを見ています。

しかし、売れていない販売員は、私と話をしている時は私しか見ていません。

お客様が入店されても気付かず、お客様が何か聞きたがっている様子を見せても、その動きに敏感に反応できず、お客様を逃します。

こういった反射神経は、普段の販売で培われるものですから、一時的に頑張ってもリアクションでバレてしまうのです。

ごみが落ちていたらすかさず拾ったり、商品の陳列を素早く直したり、「いらっしゃいませ」や「ありがとうございます」のやまびこがしっかりできていたり、すべて反射神経なのです。

接客業をやっていると職業病で、プライベートで買い物に行っても、店員さんが「いらっしゃいませ」と言うとつい反応して、自分は客なのに「いらっしゃいませ」と言いそうになったり、他のお客様とのすれ違いざまに、「後ろを失礼します」と言ってしまったり。このような経験はないですか？　ここまでくれば、見事な反射神経ですから、接客のプロといっていいでしょう。

この反射神経は普段から実践していないと鍛えられません。

漫才の突っ込みも、何百回と練習を重ねて、あの絶妙なタイミングが生まれ、反射神経で突っ込めるようになるのです。

あなたも反射神経でリアクションできれば、一流の販売員です。

商品知識が豊富なのに売れないのはなぜ？

知識があれば売れるのであれば、大学の教授や研究者はよいセールスマンになれるはずです。しかし、残念ながら、知識があるのと売るのは別次元の話です。

なぜ、知識があるのに売れないのでしょうか？

それは、その知識がお客様にとって必要な情報なのか、そうでないのかが重要だからです。

どれだけ素晴らしい知識でも、お客様にとって重要ではなかったり、理解できない知識では意味がないのです。

ある家電量販店でブルーレイレコーダーを初めて購入しようとした時に、機械に詳しそうな店員さんが接客をしてくれました。

私が、「今のDVDレコーダーは起動時間が遅くてイライラする」と話したら、店員さんは得意げに、私が検討している機器の処理速度が向上したことやモーターの性能から、マイクロチップの最新技術を採用したことを長々と話し出しました。そこで、しびれを切らした私が言ったのは次の言葉です。

「で、結局何秒で起動するんですか？」

店員さんは、自分が勉強した知識をこれでもかと披露したのですが、私は、マイクロチップの情報にはまったく興味はありません。イライラしたくないので、どれぐらい早く起動するのかを知りたいだけなのです。

どれだけ知識が豊富でも、お客様が知りたい情報を的確に、わかりやすく説明できないと接客が台無しです。

お客様にわかりやすく説明するためには、まずはお客様が何を知りたいのかを読み取り、お客様が知りたい情報を的確に伝える必要があります。

この例で言うと、「〇秒で起動するのでストレスは感じませんよ」の一言だけですむのです。

もし私が、「なぜそんなに早いのですか」と性能面に興味を示したら、さらに詳しい説明をすれば信頼感は増すでしょう。

商品知識が豊富なのに売れない販売員は、もう一度自分の説明を振り返ってみてください。

その情報は、お客様にとって必要な情報ですか？

売り込まなくても売れる本当の意味

営業の現場では、**「雑談9割、商品の説明1割で、売り込まなくても売れる」**と言われることがあります。

本当に、雑談ばかりしていてお客様に商品が売れるのでしょうか？　正しいと言えば正しいのですが、間違った捉え方をしては、ただの無駄なおしゃべりになってしまいます。

私も不動産の営業マン時代に売り込まない営業トークでお客様との距離を縮め、いつ電話しても会っていただける仲になったお客様がいました。

しかし、仲よくなったものの、結局そのお客様は私から買ってくれませんでした。

その時も、売り込みトークはほとんどせずに、雑談9割で商品の話を1割程度しかしませんでした。

問題は、雑談の中身にあったのです。雑談は、単なる雑談ではいけないのです。**商品の話をする1割の〝振り〟でなければいけないのです。**

その時は、本当に仕事とまったく関係ない雑談ばかりしてしまったのです。趣味の話や家族の話、グルメの話など、お客様の趣味嗜好に合わせた話ばかりを一所懸命していました。元ラジオDJという特殊な仕事をしていた私は、話題は豊富ですし、どんな話でも合わせられる技術は持っていました。

でも、これでは売れないのです。話がうまいだけでは商品は売れません。

そこに気付いた私は、雑談の中身をまったく変えました。

投資用の不動産を販売していた私は、雑談の中身を景気の話や税金の話、お客様の商売の話や投資の話にしたのです。

同じ雑談でも中身で質が変わります。

しかも、雑談の内容はすべて投資用不動産の商品の魅力を引き出すものでした。また、雑談の中で、景気の動向や投資や税金の知識が豊富な部分を見せることで、お客様から信頼を得ることができたのです。

メガネの販売現場では、目にまつわる話や、ファッションの話、昔は高かったメガネがなぜ安くできるのかなど、メガネに関連する雑談をします。

アパレル系ならファッションの話題で盛り上がり、芸能人が着ている服や身に付けているアクセサリーの話題などがいいでしょう。

そういった雑談の中でお客様のニーズを的確に判断し、商品説明でよい提案ができるようになるのです。

売り込まなくても売れる販売員は、売るのではなく、雑談を通してお客様にとって最良の提案ができるので、お客様が買いたくなるのです。

もちろん、信頼を得るためには、自社製品だけでなく、他社製品や業界の動向など広い知識が必要ですから、雑談力を身に付ける勉強は怠らないようにしましょう。

お客様があなたに心を許す3つのステップ

「何かお探しのものがございますか？」

「……」

「何かご不明な点がございましたらお声がけくださいね」

「……」


声がけをしても、まったく無反応で心が沈む経験をしている方も多いでしょう。

これは、当たり前です。初対面の人にいきなり声をかけられて気軽に話す人はいません。

もし、あなたが街中でいきなり声をかけられても、話なんてしませんよね？

店に入れば販売員がいて話しかけてくるのは当たり前のことかもしれませんが、お客様の立場からすれば、知らない人にいきなり話しかけられている状態なのです。

ファーストアプローチの声がけでお客様が無反応なのは、まだ、あなたと話すほど心を許していないという状態です。

だから、無反応で当たり前。落ち込む必要もありません。

前述したように三度アプローチをするのも、声出しで自分の声を聞かせて親近感を抱いてもらうのも、お客様の心を解きほぐすためです。

お客様があなたに心を許すには3つのステップがあります。

このステップをすべてクリアして初めて購入につながっていくのです。

■**ファーストステップ**……まずは、「この人と話をしてもいいかな?」と、会話をすることを了解していただきます。
■**セカンドステップ**……会話ができたら、次のステップで「この人に相談してもいいかな?」と、一歩さらに踏み込みます。
■**サードステップ**……ここまで来たら、もう次は「この人なら信頼できる」という段階まで進みます。

「会話→相談→信頼」という3つのステップをすべてクリアすると、お客様は「また次もこの人から買いたい!」となるのです。

接客をしていて、うまくいった時は3つのステップをクリアしていることが多いですが、失敗する時はどこかで止まってしまってクリアできていないのです。

成功も失敗も両方分析が必要です。どのステップでうまくいったのか、失敗したのかをしっかり振り返りましょう。

例えば、会話まではうまくいったけど、相談までいかなかったのはなぜか？　相談までいったのに、信頼までいかなかったのはなぜなのか？

一つひとつ振り返ることで、どうすればお客様があなたに心を許すかを探るのです。もっと知識を身に付ければ信頼までいったのか？　お客様のニーズを的確につかんでいなかったからなのか？

自分に足りない部分は勉強をし、うまくいった部分はしっかり伸ばしていくのです。そうすることで、今度は、お客様の心のステップが読めるようになります。


この心理ステップ、何かに似ていると思いませんか？

全然話ができなかったあの人と話ができるようになり、恋の悩みを相談し、相手の優しい言葉から信頼が生まれ、そして恋に落ちる……。

そうです。お客様があなたに心を許す3つのステップは、恋に落ちるステップと同じ。

あなたも3つのステップで、お客様が商品に恋するお手伝いをしてください。

顧客カードであなたのファンに

お客様は、特別扱いされることをとても喜びます。

一度行ってお気に入りになったバーがあり、2回目に店に行ったら、「今日もシンガポール・スリングをレモン抜きでおつくりしましょうか?」と言われたら、あなたの心は完全に奪われますよね?

「自分のことを覚えてくれていて、さらに注文したドリンクも覚えてくれているなんて!」すっかりその店のファンになって、常連さんになってしまうでしょう。

夢を壊すようで申し訳ないですが、バーテンダーは、日々たくさんのお客様と接しており、全員のドリンクを覚えている訳はありません。

種明かしをすると、このお客様は一度目も二度目も店に予約をして行ったのです。

バーテンダーは、顧客カードに名前と連絡先を登録し、お客様の頼んだドリンクとお客様の嗜好や会話の内容、吸っているタバコの銘柄までしっかり記録をしています。

二度目の予約電話がかかってきた時には、その顧客カードから情報を取り出し、お客様が来店される前にしっかりチェックします。

するとお客様は、自分はこの店にとって、とても大事なお客様で特別扱いしてくれていると感動してうれしくなるのです。


アパレルショップでもお客様が購入したアイテムをすべて記録し、お客様が来店されたら、さりげなくアドバイスするのです。

「お持ちのグレーのジャケットに合わせるなら、こちらの色もいいですよ」

自分が持っているアイテムを把握したうえで提案してくれる販売員には、信頼してコーディネートを任せられるでしょう。

美容院も顧客カードは欠かせません。毎回のカットの内容やカラーなど、すべて記録しています。

「前と同じ感じで」

この一言ですべて通じるので、美容院は同じ店にリピートすることがお客様にとって楽なのです。また一から全部説明するのは面倒ですもんね。

あなたの店も、お客様の名前がわかる仕事であれば、**必ず顧客カードをつくりましょう。**

お客様が購入した商品やサービスの内容、会話の内容を記録するのです。

名前まで聞くような仕事でなければ、お得意様カード等を書いてもらうといいでしょう。「ショップのお得な情報をお届けします」と言って、住所や名前などを書いていただくと確実です。そうすればダイレクトメールも送れます。

ダイレクトメールを送る際も、そのお客様だけに向けた直筆メッセージを書くと効果は絶大です。


このように、**その他大勢の中の1人ではなく、自分のことをしっかり覚えてくれていて特別扱いをしてもらうと、「顧客〝感動〟満足」が生まれます。**

「君だけのことを見ているよ」と言いながら、同じことをたくさんの人に言っているジゴロのようですが、接客業は究極の八方美人。プライベートでは許されませんが、仕事では大いに八方美人でいきましょう。

別れ際が印象ポイント

恋人との別れ際、駅の改札でさようならをして、別れが名残惜しくてホームへの階段を下りる前に振り返ったら、相手はもう背中を向けて遠くを歩いていた……。

残念ながら、この恋は長く続かないでしょう。

その反対に、相手が見えなくなるまでこちらをずっと見守って、最後の最後まで手を振ってくれたら、「またすぐにでも会いたい!」と胸がときめきます。

恋も接客も別れ際が非常に大切です。

どれだけよい接客をされ、よい買い物ができたとしても、別れ際のあいさつが雑だったり、すぐに次のお客様の接客や他の仕事に取りかかっていたら、お客様はがっかりです。

業種や店のオペレーションによってはできないこともあると思いますが、基本的にはお客様を店頭までお見送りをして、お客様が見えなくなるまで見送るのが基本です。

その間に、必ず何人かのお客様はこちらを振り返ります。その時に、もう一度笑顔でお辞儀をするのです。

これで、印象が悪くなるお客様はいません。

お客様は、とても丁寧に扱ってもらっている、最後までこちらを見送ってくれている喜びから、「またこの店に行きたい！」となるのです。

別れ際の笑顔や言葉は、余韻として心に残ります。


あなたの笑顔の残像が、お客様が買い物をした喜びの残像になるのです。


店頭まで見送らずに、カウンターで見送るオペレーションの店もあります。

そんな時も、お客様の目も見ずに、「ありがとうございました」と言って、次のお客様の対応を始めるのではなく、しっかりお客様の目を見て最後のあいさつをしましょう。これだけでも、印象は随分違います。

ラーメン屋などで、食べ終わって席を立つ時に、「ごちそうさま」とこちらが言っても、背中を向けたまま「ありがとうございました」というだけの店もあります。

正直、どれだけラーメンがおいしくても、残念な気持ちになります。

しかし、作業をしている途中でも、振り返って笑顔で「ありがとうございました！　またお待ちしています」と言われると、お腹も満足、心もあったかで店を後にできます。

どんな状況であれ、お客様の目を見て笑顔であいさつができれば大丈夫です。

大好きだったあの人も、気持ちが冷めてくると別れ際が淡泊になります。別れ際で愛情の変化がわかるように、お客様も別れ際であなたの愛情を感じます。

また会いたい、また来たいと思うのも、別れ際次第なのです。

ダンドリ ● 6章

売れっ子販売員が
誰にも教えたくない
売れる秘密

声出し、声がけは明日のお客様づくり

ここまでの章で、販売員として必要な段取りを身に付けました。ここからは、さらに売れっ子販売員が実践している秘訣を紐解いていきましょう。

売れっ子販売員は、目の前の買ってくださったお客様だけを追いかけていません。

実は、〝今は買わない〟お客様へのアピールが大切なのです。

入店されたお客様が、商品を購入してくれる確率は、業種にもよりますが、小売業だと30％前後が目安です。

ということは、70％のお客様は、来店しても買わずに店を出ていくのです。

さらにいうと、店に入らず、店の前を通り過ぎるだけのお客様はどれぐらいいるでしょうか？　例えば、目の前を通るお客様の1％が入店するとして、99％の人が店に入らず通り過ぎるだけなのです。

店の前を1000人通り過ぎたら、その内10人が入店し、さらにその内の3人が購入してくれる計算になります。

よって、997人の〝今は買わないお客様〟にもっと目を向けてアピールすれば、明日の**お客様になるのです。**

「ロープライスメガネのオンデーズは、新価格でメガネがさらにお買い得です！」

店の前を通るお客様に向かって、声出しを繰り返すのは、何も気付かずに通り過ぎてしまうお客様に、店を認知してもらうために行なっています。

「へぇー、こんな所にオシャレなメガネ屋があったんだ。今度行ってみようかな？」

「そういえば最近、度数が合わなくなってきたからメガネ欲しかったんだよね」

「今日は時間ないけど、日曜日にでも来てみようかな？」

こういった潜在的なお客様を、声出しによってたくさんつくっているのです。

今は買わないお客様でも、明日のお客様になるかもしれません。

だからこそ、買っていただいたお客様はもちろん大切ですが、店舗の売り上げを上げるためには、今は買わないお客様も大切なのです。

店には入ってくれたけど、今日は買わないお客様はさらにチャンスです。

しっかり声がけをしてコミュニケーションを取り、帰り際にパンフレットなどを渡すこと

で、次回の来店につながる動機が生まれるのです。

70％の買わないお客様ですが、そこからどれだけの人が後日購入するお客様になるかで、店の売り上げは大きく変わります。

店から出ていくお客様を、単なる買わないお客様と見てお見送りをするのか、また帰ってきてくださることを思いながら丁寧に気持ちよくお見送りするのかの違いで、お客様の印象は大きく変わります。

「店員さんの感じがよかったから、また今度来てみようかな？」

「買うつもりはなかったけど、すごく丁寧に接してくれて、見送りまでしてくれたから、今度ゆっくり買いに来ようかな？」

また来てみようかな？　と思ってもらう接客は段取りなのです。買わなかった70％のお客様の中から買うお客様を生み出すために必要です。

売れっ子販売員は、買わないお客様への接し方も、買うお客様と同じように丁寧なのです。

売れる販売員は視野が広い

店舗を巡回すると、いち早く私の存在に気付いてくれるのは、やはり売れっ子販売員です。

その逆で、売れていない店やスタッフは、私が店に入っても私の存在に気が付きません。

これは、お客様に目を向けていない証拠です。視野が狭く、まわりに気配りができていないのです。


売れっ子販売員は視野が非常に広く、お客様の来店を常に気にかけて仕事をしています。


店の入口に常に意識を向け、気配り目配りを忘れません。

お客様が来店されたらすぐに気が付き、笑顔で声をかけます。

お客様にとって、自分の存在に気付いてもらえない、何もあいさつをされないほどさみしいことはありません。


売れっ子販売員は、気配でお客様の存在をキャッチしています。姿を確認するより前に「いらっしゃいませ」と反射的に声が出ます。

また、お客様の接客をしていると、まったくまわりが見えなくなるスタッフが多いですが、売れっ子販売員は接客中でも、しっかりまわりを見ることができています。

40坪ぐらいまでの店であれば、店の中にいるお客様すべての行動を把握できるでしょう。

「店の奥で商品を手に取っているお客様は、かなり商品が気になっているので、そろそろ声をかけに行かなくては」

「店頭の若いカップルは見て楽しんでいるだけみたいだから、もう少し様子を見よう」

「ひとりで買い物をしている女性は、まだ買う気にはなっていないけど、時間はありそうだから声がけをしてニーズを確かめよう」

このように、すべてのお客様の行動をつぶさに観察して、どのように対応をすればいいか把握をしているのです。

一方、視野が狭いスタッフは、目の前のお客様のみに集中してしまい、まわりのお客様をまったく見ていないので、他のお客様を逃してしまうのです。

また、カウンターの中にばかり入ってしまいがちな販売員も、売り逃しをしています。売れっ子販売員は常に店頭を意識して、カウンターに入らず売り場にいる時間が長くなります。

販売員の行動を少し見ていると、普段売れているかどうかがすぐにわかってしまいます。

広い視野で店内のお客様の行動を見逃さず、しっかり対応ができるから売れっ子販売員になれるのです。

チラシ配りでも手を抜かない

「チラシ配り」と聞くと、「えー、チラシなんて配るの嫌だなぁ」と思うかもしれません。

道を歩いていると、チラシ配りをしている人をよく見かけますが、楽しそうに配っている人はほとんどいませんよね？　なんだか面倒くさそうに、気が抜けた感じで配っている人がほとんどです。

一所懸命に配っている人をたまに見かけますが、その人は、たいてい店長クラスの人か、その店のオーナーです。自分の生活や仕事がかかっている人はやはり必死です。

しかし、このチラシ配り、バカにはできません。

売り上げを上げるためには来客数を増やさなくてはいけません。そのためにはできるだけたくさんのチラシを配って、たくさんのお客様に来ていただかなくてはいけません。

つまり、**チラシを受け取ってくれた方すべてがお客様になる可能性を秘めている**のです。

そう考えると、面倒くさそうな表情でチラシ配りができるでしょうか？　もし、たまたまチラシを受け取ったとしても、そんなスタッフの店に買い物に行きたいとは思いません。


チラシを配っている時、あなたは店の顔になります。

笑顔で、目を見て「よろしくお願いします。メガネのオンデーズです！」などと、声をかけながらチラシを配ると、受け取ってくれる確率も上がります。

受け取ったお客様も、「とても感じのいいスタッフがいる店だな。ちょっと見てみようかな」と思います。

だからこそ、売れっ子販売員はチラシ配りにも手を抜かず、どうすればお客様がチラシを受け取ってくれるか？　どうすれば来店につながるかを研究し、追求しているのです。

チラシ配りのポイントをあげておきましょう。

①笑顔で、一人ひとりの目をしっかり見ながら渡します。目が合うと、感情が伝わるので、相手は受け取らないと悪いという情が入りやすくなります。

②チラシは直前に差し出すのではなく、5メートルほど手前から差し出します。チラシを差し出してから「1・2・3」と数えて手に取るぐらいのタイミングです。

③チラシの印刷面を見せながら渡します。何のチラシかわからないと不安になり、受け取りません。しかし、チラシの印刷面の興味を引くような商品やコピーが目に入れば、手に取りたくなります。

④チラシを差し出す時は上から下へと動きを付けて、相手が取りやすい手元に差し出します。動きがあるほうが目に留まりやすく気になります。

⑤何のチラシを配っているのか、声出しをしながら配ります。黙って何を配っているのかもわからずにいると、その商品に興味がある人を逃してしまう可能性があります。

チラシ配りひとつをとっても目的意識を持って配ると、その効果も大きく違ってきます。売れっ子販売員はチラシ配りだってプロフェッショナルなのです。

遠くは高く、近くは低く声を出す

声出しの重要性は、本書でしつこく述べてきましたが、同じ声出しでも状況によって、声の出し方を変えると効果的です。

声を出すというと、とにかく大きな声で怒鳴るように声出しをしている人もいます。

しかし、ただ怒鳴っているような声出しは、お客様に不快感を与える恐れもありますので、逆効果です。

怒鳴るのではなく、通る声で響かせて出すのが理想です。

声の出し方や話し方のポイントは、私の前著『ビジネスマンのためのスピーチ上手になれる本』（同文舘出版）を参考にしていただき、ここでは、声出しのポイントを簡単に押さえましょう。

まず、広い場所での声出しで、**遠くまで声を届かせたい場合は、ゆっくりとした口調、高めの声**を出します。

一般的に、男性よりも女性のほうが遠くまで声が届きやすく、雑踏でも聞き取りやすいものです。これは、周波数に関係してくるのですが、高い音のほうが遠くまで届く音の波形をしているので、聞き取りやすいのです。ですから、男性でも高めの声を意識して声を出すとよいでしょう。

遠くに向ける時は、ゆっくり話すのもポイントです。遠くにいる人は、早口だと何を言っているか聞き取れません。

逆に、**狭い場所で目の前を通る通行客に声出しをする場合は、低めの声で話しかける**ほうが、相手に響きます。

その他大勢に言っているのではなく、目の前の「あなた」に向かって言っているように声を出すのです。

「私に言っているのかな?」と思ってもらうと、効果が大きく変わります。

私はラジオDJ時代にたくさんのイベントを経験しましたが、観客1万人がいる競技場で話をする時は、とにかくゆっくりと張りのある少し高めの声で話をしていました。そうでないと、なかなか1万人のお客様に言っていることが届きません。

逆に20人ほどのセミナーでは、一人ひとりの目を見ながら、目の前のひとりに話しかけているように声のトーンも抑え気味で話すと親近感も湧き、感情も伝わりやすいのです。

また、ひとりに向かって声を出していると、そのお客様の属性に合わせた言葉を選ぶこともできます。

オンデーズの店頭でも、決まった文句ばかりを言うのではなく、若い人には、「東京ガールズコレクションで発表した新作が入荷しました」と声を出し、シニアの方には「遠近両用も薄型レンズ追加料金0円でお買い得になりました」と声出しをすると、やはり反応がよくなります。

最近は駅前のドラッグストアなどで、とても熱心に声出しをしています。特に人通りの多い場所では、声出しのよし悪しで、売り上げが大きく変わるので、とても大切な要素です。

お客様はいつでも特別扱い

「お客様だけ特別ですよ」

これを言われて嫌な気になる人はいません。

先日、初めて行った飲食店でワインを飲んでいたら、「お客様、ワインがお好きですか？これ、メニューには載せていないんですが、よろしければ、お客様に特別に出させていただきますよ」と言われました。

すっかり調子に乗った私は、結局そのおすすめのワインを1本飲み干してしまいました。まさに、特別扱いをされて気分がよくなり、すっかり乗せられたわかりやすい客です。

接客のプロとして、こうやって本も書いている私ですが、わかっていても特別扱いをされるのはうれしいものです。

オンデーズもメガネという商品の特性からリピーターのお客様も多く、購入をしなくてもメンテナンスや洗浄で気軽に店を訪れてくださるお客様が多くいらっしゃいます。

そこで、メガネの洗浄をする時も特別扱いをするのです。

「いつもありがとうございます。〇〇様のメガネは特別にきれいに磨いておきました」

「あらー、そう。いつもありがとうね！」

お客様は笑顔で店を後にします。

特にお金がかかっているわけではないのですが、単に洗浄をして渡すのと、お客様を特別扱いして対応をするのとでは、お客様の気分がまったく変わります。次にメガネを買う時も、特別扱いをしてくれるところで買いたいと思うでしょう。

売れっ子販売員は、常にお客様を特別扱いしています。だから、「あなたから買いたい」と思っていただけるのです。

「私も○○なんです！」で親近感

気になる異性がいる時に、あの人と近づきたいと思ったら、何をしますか？

あの人の好きな音楽は何だろう？　好きな食べ物、映画、趣味、好きなタレントは？　血液型は何型で、誕生日はいつだろう……etc。

とにかくどんなことでも知りたくなるものです。その中で、自分との共通点が多ければ多いほど親近感も湧き、気分も盛り上がっていきます。

共通点をつくるために、好きな人が好む映画や音楽を聴いたり、同じ趣味を始めたりすることもあるでしょう。そうやって、相手と様々な想いを共有することで距離が縮まり、どんどん親近感も増し、恋も深まっていきます。

お客様との距離を縮めるのも同じです。お客様との共通点を見つけ、お客様の気持ちに共感するのです。

そうすれば、お客様はあなたにどんどん親近感を感じ、距離が縮まります。

会話のポイントとしては、「私も○○なんです！」と、お客様の言葉に共感することです。

例えば、お客様が持っている服のブランドを聞いたら、「私もそのブランド、好きなんです！　服のラインがとても素敵ですよね」と共感します。

これは、仕事にまったく関係ないことでも大丈夫です。

出身地で盛り上がることはよくあります。私は大阪出身です。東京で勤めていると関西人は結構多いので、関西弁を聞くと必ず「関西の出身ですか？」と聞きますし、関西地元ネタで盛り上がります。

また、家族の話題も会話が弾みやすいです。先日、お子様を連れているお客様と共通のネタで盛り上がりました。

「お子さん、おいくつなんですか？」

「1歳6ヶ月になります」

「やっぱり！　うちの子も1歳7ヶ月なんですよ。もう目が離せない歳になりましたよね」

「そうなんですよ！」

子どもを持つ親同士の気持ちは、共感を得やすいものです。

また、自分の親と年齢が近い年配のお客様とは、親の話で盛り上がれますし、お客様のお子さんと自分が同世代だとかわいがってもらえます。


このように、お客様との共通点というのは世代に関係なく、必ず何かはあるはずです。

お客様とは何気なく会話をするのではなく、お客様にしっかり興味を持ち、どこかに共通点がないか探るのです。共通点を見つけたら、そこから会話を広げていけばお客様との親近感は高まります。

そんなこと難しいのでは？　と思う方もいるかもしれません。そんな場合は、誰でも共感を得られる会話から始めればいいでしょう。

例えば、時事ネタや天気の話はどんな方でも共感を得られます。

「最近、だんだん暑くなってきましたね」という会話で話を広げるのです。

このためには、日頃のニュースをしっかりチェックし、趣味や知識の幅を広げて、様々な会話ができるようになることも大切です。

接客ノートを付けよう

日々の仕事の経験を、いかに次の仕事に活かせるかは、大切なことです。

お客様と毎日接している中で、非常にうまく接客できることもあれば、なぜかお客様とのやり取りがうまくいかずに失敗することもあります。

しかし、どちらの経験も、今後に活かすことができる貴重な経験です。

その経験を、無駄に重ねるのか、自分の経験としてしっかり蓄積できるのかでは、自分の成長が大きく変わります。

そのために、接客ノートを付けることをおすすめします。

接客したお客様全員について付けるのが理想ですが、接客するお客様の数が多い場合は、その日に一番よかった接客と、惜しかった接客を記録するといいでしょう。

その際に、記入するポイントは次の通りです。

①お客様との会話の内容

②その会話から得られたお客様の情報
③どのような提案をしたのか？
④その提案に対するお客様の反応
⑤結果
⑥次への課題と対策

うまくいかなかった時は、なぜうまくいかなかったのか？　ヒアリングの内容やお客様の反応から、その理由をしっかり把握します。その内容から次への課題と対策を立てることができれば、次は成功につながります。

しかし、失敗をした接客には、あまりスポットを当ててはいけません。

大切にしたいのは、成功した接客です。

正直、お客様が買わない理由は様々です。気まぐれもありますし、そもそも最初から買うつもりがなく、なんとなくふらっと入っただけかもしれません。その日はお金を持っていなくて、たまたま買えなかったかもしれません。

ですから、買わなかったお客様を深く振り返っても仕方がないのです。それよりも、成功した接客をしっかり分析しましょう。

お客様と親近感を得られた会話はどんな会話だったのか？

自分のどのような提案で商品を気に入ってくれたのか？

お客様が買いたいと思ったポイントは何なのか？

そうやって、成功体験をどんどん積み上げることで、自分の接客の成功法則が見えてきます。自分の成功パターンが見えてきたら、怖いものなしです。

接客は精神的なものも非常に大きいですから、成功体験が増えれば増えるほど、接客が楽しくなりますし、自信も付いてきます。

プロ野球のエースと言われるピッチャーにも、必勝パターンが必ずあります。カーブでカウントを取って、ストレートを見せた後にフォークで三振を取るなど、その投手の得意パターンは必ずあるものです。

これは接客も一緒です。自分の得意パターンを持っている人ほど売れるのです。

成功ノート、失敗ノートを付けることで、もしスランプに陥った時に、自分の成功した接客を振り返ることで自信を取り戻せます。

スポーツ選手もスランプの時に自分の好調時のビデオを見て、よいイメージを持つといいます。この接客ノートは、あなたの財産になること間違いなしです。

目標設定で夢を実現

毎日ただ漠然と販売をしているだけで、売れっ子になれるほど現場は甘くありません。売れている販売員ほど、しっかり目的意識を持って仕事をしています。

もちろん、目標設定も明確です。その目標に対して、今何をすべきかがわかっているので、イキイキと仕事ができるのです。目標設定が曖昧だと、今するべきことも曖昧になります。単に目標設定といっても、その設定の方法が大切です。

■長期的目標……5年後、10年後にどうなっていたいのか？　店長や管理職など販売現場だけではない他の仕事に就きたいのか、独立して自分の店を持つ夢があるのか

■1年の目標……今年1年で成し遂げたいこと、自分で身に付けようと思っている技術や資格。店の売り上げ目標など

■今月の目標……今月の売り上げ目標や行動目標。店をどういう状態に持っていきたいか

■今週の目標……1週間の売り上げ目標や行動目標。売り場づくりやお客様対応の具体的な目標
■今日の目標……1日の売り上げ目標や行動目標。さらに細かく行動を落とし込み、今日中に実行しなければいけない仕事を明確にしていく

目標設定は、大きな目標から逆算していき、より具体的な行動に落とし込むことによって、今、何をすべきかを明確にしていきます。目標設定が明確であればあるほど、漠然と仕事をすることがなくなります。

さらに細かく時間単位で売り上げ目標ややるべきことを決めて実行している人もいます。同じ8時間労働をしていても、漠然と仕事をしている人と、1時間単位で目的意識を持って仕事をしている人を比べると、その仕事の濃度は大きく変わるでしょう。

売り上げ目標にしても、「この1時間であと1客販売すれば目標が達成できる」と思って仕事をするのと、何も考えずに仕事をするのとでは、お客様と接する姿勢も変わってきます。

売れっ子販売員ほど今の売り上げを気にして、予算達成率にこだわっているのです。

クレームなんて怖くない！

販売の仕事で避けて通れないのが、お客様からのクレームです。

クレームはできるならば受けたくないですし、誰でも嫌なものです。

しかし、どれだけ素晴らしい接客をしていても、どんな素晴らしいものを売っていても、クレームがまったくない商売はありません。

クレームは必ず存在するものなのです。


私は、究極をいうと、クレームはまったく気にする必要はないと思っています。

多くの販売員はクレームが来ると落ち込んだり、沈み込んだりするでしょう。でも、そんな必要はまったくないのです。

「お客様が怒っているのに、気にするなとはけしからん！」と怒られそうですが、そういう訳ではありません。

多くの販売員はクレームをマイナスと思いがちですが、**クレームとは接客の質を向上する**

ためのよきアドバイスだと思って、ありがたく受け止めることが大切です。

クレームをマイナスではなく、プラスの産物にすれば精神的にも非常に前向きになります。

多くのお客様は、その商品や接客に不満があったとしても何も声を上げてくれません。ほとんどのお客様は不満があれば、何も言わずに二度と来てくれないだけです。

しかし、これが店舗にとっては一番マイナスなのです。

何が悪いのか、何が不満なのかわからず、お客様がどんどん減っていく……。こんなこと、恐ろしくてどうしようもありません。クレームがまったくないと、こうなってしまうのです。想像するだけでぞっとしますよね。

このように、何も言わずに二度と来てくれないお客様がほとんどであるのに、わざわざ店のどこが悪いのか、商品のどこに不具合があったのか、貴重な時間を使って教えてくださるのです。

わざわざクレームを言ってくださるということは、店に期待をしてくれている証拠です。

何も期待していなかったら、言っても無駄なので何も言わないでしょう。ですから、クレームを言われたら気にして落ち込むのではなく、感謝するのです。

「わざわざお電話をいただいて、貴重なご意見、ご指摘をありがとうございます」

感謝の気持ちを持ってお客様のクレームに対応することができれば、クレームから大ファンをつくれる可能性だってあります。

最初は大変怒っていたお客様が、こちらの対応に満足をして、リピーターになってくださることも多いものです。

危険なのは、最近問題にもなっている「クレーマー」の存在です。

一般のお客様のクレームとクレーマーの線引きは、はっきりさせなければいけません。

クレーマーに関しては、専門の本もありますので、深く追求する場合は、専門書でしっかり勉強してください。

店のことを思って言っているのではなく、クレームを付けることが目的となっている場合や、そこから何か利益を得ようとしている場合はクレーマーだと判断できるでしょう。

そういった場合は、現場で安易に判断せずに、すぐに上司や本社の判断に任せるのがセオリーです。

こちら側ができる最大限のお詫びを明確にし、それ以上の対応はしないことを毅然と示すことも大切です。恫喝、脅迫や金品の要求がある場合は、犯罪行為の疑いも高くなりますので、警察に相談するなど、店としての対応を明確にしておきましょう。

クレーマーはほとんどパターンが決まっていますから、その対処方法を理解していれば怖くはありません。

ただ、こういったクレーマーは、ごく一部です。多くは非常にためになるクレームですから、クレームに対しては嫌な先入観を持たずに、前向きに向き合ってください。

クレームにしっかり向き合う店ほど、よい接客もできるものです。

買い物好きは研究好き

売れっ子販売員は、自身も買い物好きが多いです。

買い物が好きだから、いろいろな店に入って、その店を分析、研究します。それも同業種ばかりではありません。

同業種よりも、他業種から学ぶことのほうが多いものです。人気の店や、話題の店に積極的に行きましょう。そこから、なぜ人気があるのか？ どこがお客様から支持されているのか？　その店に行くと見えることがたくさんあります。

本書のテーマ、「ダンドリ販売術」も、私が不動産営業で身に付けた方法や、大好きな家電量販店で受けた接客をメガネの販売に応用したものです。店舗での販促キャンペーンなども、ほとんどが他業種からヒントを得たり学んだりして行ないました。

店の方には迷惑かもしれませんが、私は何も買うつもりがなくても、店に入ったらできるだけ接客を受けるようにしています。

どんな声がけをするのか？　どういう切り口でコミュニケーションを取ってくるのか？　そんな中から接客のヒントがたくさん得られます。商品の陳列や動線なども、店に入ったら必ずチェックをします。

飲食店でも同じです。メニューを見て、その店のおすすめや看板商品を必ず頼むようにしています。

最初のお客様の迎え入れからお見送りまで、飲食店でも店によってそれぞれ違いがあり、よい店はとても心地よく食事ができ、店を出る時もよい気分で店を後にすることができます。

どのような業種でも、人気のある店はその理由がしっかりあるものです。

自分がされて心地のよいサービスを真似すれば、必ずお客様も心地よいと思ってくれるは

ずです。

販売をする立場からだけ見ていると、お客様の気持ちと離れてしまうこともあります。

そうならないためにも、常に顧客の立場で接客を受けて、販売員を客観的に見ることが大切です。

最近私は、先方には申し訳ないと思いつつも、サービスに不満があった場合は積極的に意見を伝えるようにしています。場合によってはクレームです。

今までは不満があっても、何も言わずにいましたが、意見やクレームを言うことで、店がどのような対応をするか確かめるのです（迷惑な話ですよね）。

面白いことに、クレームの対応によって、店や企業の成熟度がわかるのです。特に大手になると、現場の対応が悪くても、本社やカスタマーセンターの対応は完璧にマニュアルができていて、セオリー通りのよい対応をします。

また、お客様が怒っているポイントにしっかり共感をしてから対応をするということができています。

最近、非常に素敵だなと思った接客は、某アパレルショップでの出来事でした。

閉店間際だったので、ちょっとだけ商品を見て、次にまたゆっくり買いに来ようと思って商品を見ていた時です。

重い荷物を持っていた私に店員さんは、さりげなく「お荷物重いですよね？　ご覧になっている間、こちらでお預かりしましょうか？」と声をかけてくれました。

「もう、閉店時間ですよね？　ちょっと見るだけなので大丈夫です」そう断ると、笑顔で「大丈夫ですよ。閉店後でも裏口からご案内いたしますので、ごゆっくりどうぞ」と言いました。

この気遣いの一言で、焦っていた気持ちはなくなり、荷物も置かせてもらい、その日に買うつもりがない数万円もする商品を購入してしまいました。

さりげない気遣いにも、しっかり購入につながるテクニックがあるのです。荷物を預かるという行為も、お客様にゆっくり買い物をしていただくためにすることです。お客様が焦って買い物をしても、購入にはつながりません。

そこをしっかり先読みして、お客様の不安を取り除き、お客様のためだけに閉店時間を延ばして裏口からご案内をするという特別扱いをしているのです。

本書で述べた方法が、このさりげない気遣いの中に凝縮されています。

私自身も、「おっ、この店員さんは素晴らしいなぁ」と心地よくなり、購入につながったのです。

このような素敵な店員さんとの出会いが、刺激にもなり、よりよい接客を目指すモチベーションにもなります。

こういった時の買い物は非常に楽しく充実した気分になります。買い物って楽しい！　と思う瞬間です。

買う側の立場でも、販売する側の立場でも、思う存分楽しむ！　楽しみながらとことん追求し、研究することができれば、販売員としてのスキルもどんどん上がっていくでしょう。

本書を読んだことで、販売が楽しくなる、販売をすることにワクワクするようになってくれれば本望です。

さあ、お客様があなたから商品を買うのを楽しみに待っています。

販売の現場というステージで、あなたも大いに輝いてください。

ダンドリ ● 付録

販売がもっと好きになる書き込み式ツール

アプローチシート

３段階のアプローチを心がけましょう。
アプローチトークは業種ごとに異なります。
アプローチするための３つのトークをしっかり考えましょう。

ファーストアプローチ

セカンドアプローチ

サードアプローチ

1～3章参照

付録②

キャッチコピーシート

あなたの商品やサービスにキャッチコピーを付けてみましょう。
今扱っている商品名やサービス名を書き、キャッチコピーを考えてください。

◆商品・サービス名

『　　　　　　　　　　　　　　　　　　　　』

◆商品の特徴・売り（できるだけたくさん書き出してください）

◆お客様へのメリット

◆キャッチコピー

72ページ参照

「ダンドリ・クロージング」シート

あなたの段取りをまとめてみましょう。

段取りごとにトークを記入してください。業種ごとに段取りは異なりますので、販売（契約）につながる段取りを考えましょう。

1. 承認（例：気になる商品を承認する）

2. 後押し（例：お客様の選択を後押しする）

3. 比較（例：他社製品や他の製品と比較し商品価値にも満足しているか確認）

4. 確認①（例：在庫があるか確認）

5. 確認②（例：配送状況確認）

6. 確認③（例：受け取り確認）

7. 確認④（例：会計方法確認）

100ページ参照

付録④

3つの時間軸シート

あなたの商品・サービスを3つの時間軸でまとめましょう。

◆**過去**（例：昔メガネは5万円以上していた）

◆**現在**（例：安い価格で気軽に買えるようになった）

◆**未来**（例：気分や服装に合わせて何本もメガネをかけ替える）

108ページ参照

顧客カード

顧客カードをつくって、お客様を特別扱いしましょう。

◆お客様名　◆年齢　◆性別

◆住所

◆電話番号

◆購入商品

◆接客時の会話内容

◆その他（お客様の特徴など）

159ページ参照

付録⑥

接客ノート

お客様との接客で成功した例、失敗した例をノートに書きましょう。どちらも貴重な財産となりますので、より具体的に記入しましょう。

成功・失敗（どちらかに○を付ける）※成功・失敗でノートを分けてもよい

◆お客様の特徴

◆購入商品

◆お客様との会話内容

◆提案内容

◆お客様の反応と結果

◆次への課題と対策

181ページ参照

目標シート

控室など、スタッフが目に付くところに貼りましょう。

店舗名		氏　名		作成日	

今月の目標

予算	売上目標 円
重点施策	予算達成のためにするべきことを記入
スタッフ目標	店舗スタッフ一人ひとりの個人目標を記入
今週やるべきこと	1週目
	2週目
	3週目
	4週目

184ページ参照

■おわりに

本書と出会い、最後まで読んでいただきありがとうございます。

出会いは不思議なもので、ふらりと書店に立ち寄って、何気なく手に取ったのが本書という方もいるでしょう。また、友人から紹介されたり、会社に置いてあったり、ネットで見つけたりした方もいるでしょう。

販売の仕事でお会いするお客様も、偶然の出会いです。そこからドラマが生まれるのです。

私は、この偶然の出会いをとても大切にしています。人によってはその偶然の出会いを逃してしまうこともあります。でも、ある人は、その偶然の出会いから人生を変えます。

その出会いを大切にするか、しないか。人は、すべて自分で選択をし、その選択の繰り返しが今につながっています。

偶然の出会いと思われているものも、実は必然だったのではと思うこともあります。

オンデーズの田中修治社長との出会いは、私が不動産営業をしていた時代のお客様から、「息子も経営者なんだよ」とご紹介いただいたのがきっかけでした。

私の初の著書である『ビジネスマンのためのスピーチ上手になれる本』（同文館出版）も、偶然の出会いから生まれました。同文舘出版ビジネス書編集部の古市部長と、飲み屋で語り合わなかったら、世の中に出ることはありませんでした。

その著書に偶然出会った皆さんに支持をいただいたおかげで、本書の出版にもつながりました。初出版から4年以上経って、やっと2冊目を出版するというカメのような私を、辛抱強く待ってくださった編集者の津川さんにも感謝します。

さらに本書を書き上げ、出版時期を待っている間に、現在所属しているリンクイベントプロデュースの一色社長との出会いがありました。

ラジオDJを辞めてから8年半。「人に影響を与える仕事」「人に伝える仕事」がしたくてラジオDJになり、その夢を一度はあきらめた私が、企業研修のナビゲーター（講師）として、また「人に伝える仕事」に就くことができました。この偶然の出会いに感謝しています。

会社の仲間も、中途で入ってきたオールドルーキーに対し、温かく接してくれました。まったく畑が違う、文化が違う中で、戸惑いやどう接すればよいのか悩む時もありますが、そんな時に限って、人の温かさに救われます。

本書は、前職のオンデーズのスタッフたちに向けて書いた本です。スタッフが悩み、苦しむ姿を見て、なんとか接客を楽しんでもらいたい、その苦しさから逃れて欲しい、そう願って書きました。ぜひ、オンデーズスタッフをはじめ、偶然の出会いでこの本を取ってくださった皆さんの助けになれば本望です。

最後に、何よりも偶然の出会いで私と人生を共に歩むことになってしまった妻と、2歳の娘に感謝します。こんな身勝手な私をしっかり支えてくれてありがとう。

私の両親は、次に何をしでかすかわからない息子が心配でたまらないと思います。もう大丈夫です。自分の使命は明確になりました。

39歳になっても、夢を叶えることができます。

本書を手に取った皆さんも、ぜひ、自分の可能性を信じて人生を楽しんでください。

本書がそのきっかけになれば、そんなうれしいことはありません。

2013年1月某日　PM11：30　妻と娘の寝息を隣の部屋で感じながら

羽田　徹

参考文献

『この一言が人生を変える　イチロー思考』児玉光雄著／三笠書房
『１日３分で人生が変わる　セルフ・モチベーション』小笹芳央著／PHP研究所
『変化を生み出すモチベーション・マネジメント』小笹芳央著／PHP研究所
『あたりまえだけどなかなかできない　質問のルール』木戸一敏著／明日香出版社
『小売店長の常識』木下安司・竹山芳絵著／日本経済新聞社
『「この人から買いたい」と思わせるプロの接客！』山田みどり著／日本実業出版社
『プロがこっそり教える　完全「クレーム対応」の技術』山崎一著／
すばる舎リンケージ
『世界一の「売る！」技術』ジョー・ジラード、ロバート・Ｌ・シュック著、
石原薫訳／フォレスト出版
『「買う気」にさせる魔法の言葉』北山節子著／成美堂出版
『モテモテ販売員の接客術』木暮衣里著／ぱる出版
『ビジョナリー・カンパニー』ジェームス・Ｃ・コリンズ、ジェリー・Ｉ・ポラス著、
山岡洋一訳／日経BP出版センター
『トレードオフ』ケビン・メイニー著、有賀裕子訳／プレジデント社
『よく売る店は「店長力」で決まる！』蒲康裕著／同文舘出版
『「ありがとう」といわれる販売員がしている６つの習慣』柴田昌孝著／同文舘出版
『ビジネスマンのためのスピーチ上手になれる本』羽田徹著／同文舘出版

◆企業研修・講演の依頼は下記までお問い合わせください

株式会社リンクイベントプロデュース
http://www.link-ep.co.jp/

〒104-0061 東京都中央区銀座3-7-3 銀座オーミビル
問い合わせメールフォーム https://www.link-ep.co.jp/inquiry/

本書の感想は下記までお寄せください。
皆さんの感想を楽しみにしています!

Facebook http://www.facebook.com/hada0505

著者略歴

羽田 徹（はだ とおる）

リンクアンドモチベーション研修ナビゲーター（リンクイベントプロデュース所属）
話し方コンサルタント
1973年大阪府生まれ。学生の頃よりラジオDJを始め、卒業後はレディオ湘南（藤沢エフエム放送）に就職。営業職で売上No.1を達成した後、そのしゃべりが認められ、DJとして番組を担当。1998年に大阪人気No.1のFM802新人DJオーディションに合格。その後、FM愛知での朝の帯番組や、文化放送などでラジオDJ・パーソナリティとして活躍。帯番組降板をきっかけに、2005年DJを辞めて不動産会社に入社し、2年目でトップの営業成績を残す。
2006年、株式会社web-school.tv設立。2007年、ロープライスメガネチェーン店を運営する株式会社オンデーズ取締役営業本部長就任。64店舗から110店舗への躍進を支える。また、株式会社ランシステム取締役を歴任。
2012年、ラジオDJとしての話し方の技術、営業力、販売力、組織マネジメント力、経営経験などを生かし、研修ナビゲーター、ファシリテーターとして活動開始。大手企業を中心とした研修講師として活躍中。

お客様を迷わせず「売りたい商品」がラクラク売れる
これが「ダンドリ販売術」！

平成25年2月13日　初版発行

著　者 ―― 羽田 徹

発行者 ―― 中島治久

発行所 ―― 同文舘出版株式会社

東京都千代田区神田神保町1-41　〒101-0051
電話　営業03（3294）1801　編集03（3294）1802
振替00100-8-42935　http://www.dobunkan.co.jp

ISBN978-4-495-52161-5
印刷／製本：萩原印刷
Printed in Japan 2013